AMOUR

IMMENSE

DU MÊME AUTEUR

À LA MÊME LIBRAIRIE

Transformations de la métaphysique. Commentaires sur la philosophie transcendantale de Schelling, 2001.

Vers la simplicité. Phénoménologie hégélienne, 2010.

Sérénité. Eckhart, Schelling, Heidegger, 2012.

Majestas Dei. Seigneurie et liberté, 2018.

La venue de la vérité. Phénoménologie de l'esprit selon Jean, 2021.

BIBLIOTHÈQUE D'HISTOIRE DE LA PHILOSOPHIE
Fondateur Henri GOUHIER Directeur Emmanuel CATTIN

Emmanuel CATTIN

AMOUR IMMENSE

Phénoménologie selon sainte Thérèse d'Avila

PARIS
LIBRAIRIE PHILOSOPHIQUE J. VRIN
6 place de la Sorbonne, V^e
2025

Ce livre fut commencé au mois de mai 2022 à Paris, et fini le 17 avril 2024, au matin, à Kyōto.

Deux des chapitres furent accueillis séparément dans des revues italiennes :

« Sainte Thérèse d'Avila. La réduction mystique », *Archivio di Filosofia*, XC, 2023, n°2-3, « Religion et attitude naturelle », a cura di Stefano Bancalari, Pisa-Roma, Fabrizio Serra Editore, 2023, p. 161-173.

« Sainte Thérèse d'Avila. *Veni, Creator Spiritus* », *in Nuovo Giornale di Filosofia della Religione*, n° 2/2022, Mistica, Religioni, Filosofie, a cura di Francesco Paolo Ciglia e Giuliana Di Biase, Università di Urbino, 2023, p. 150-170, puis : *Inabissarsi nel Divino. Mistica, religioni, filosofie*, a cura di Francesco Paolo Ciglia e Giuliana Di Biase, Pisa, Edizioni ETS, 2023.

La substance du chapitre II fut aussi présentée devant la Société Michel Henry du Japon le 31 mai 2024, à l'université Seijō, Tōkyō, et traduite pour l'occasion par Yukihiro Hattori, maître de conférences à l'université Dōshisha, Kyōto. Elle est à paraître en japonais en 2025 dans la revue *Jinbungaku*.

Nous remercions les éditeurs d'en avoir autorisé la publication dans ce livre, en vue duquel ils furent conçus.

Imprimé en France
ISSN 1968-1178
ISBN 978-2-7116-3210-7
www.vrin.fr

ἐν ἀγάπῃ ἐρριζωμένοι καὶ τεθεμελιωμένοι, ἵνα ἐξισχύσητε καταλαβέσθαι σὺν πᾶσιν τοῖς ἁγίοις τί τὸ πλάτος καὶ μῆκος καὶ ὕψος καὶ βάθος, γνῶναί τε τὴν ὑπερβάλλουσαν τῆς γνώσεως ἀγάπην τοῦ Χριστοῦ.

« … pour que vous soyez enracinés, fondés dans l'amour. Ainsi vous recevrez la force de comprendre, avec tous les saints, ce qu'est la Largeur, la Longueur, la Hauteur et la Profondeur, vous connaîtrez l'amour du Christ qui surpasse toute connaissance ».

Saint Paul, *Épître aux Éphésiens*, 3, 17-19.

Gott teilt sich dem Menschengeist mit in dem Maß und in der Weise, wie es Seiner Weisheit entspricht. Es steht bei Ihm, das Maß zu erweitern.

« Dieu se donne en partage à l'esprit humain dans la mesure et de la façon qui correspondent à Sa sagesse. Il dépend de Lui d'élargir la mesure ».

Sainte Thérèse-Bénédicte de la Croix, Edith Stein, *Endliches und ewiges Sein. Versuch eines Aufstiegs zum Sinn des Seins*, *Edith Stein Gesamtausgabe*, Bd. 11/12, Freiburg, Herder, 2006, p. 34.

Aux sœurs de Paris et de Kyōto

CHAPITRE PREMIER

LA RÉDUCTION MYSTIQUE PHÉNOMÉNOLOGIE THÉRÉSIENNE

Lorsque Edith Stein, au Carmel d'Echt, revenait devant le père Johannes Hirschmann à la décision radicale qui devait la conduire, elle qui avait été l'assistante de Husserl, au baptême dans l'Église catholique, elle évoquait la lecture qu'elle avait faite du *Livre de la vie* de sainte Thérèse d'Avila. Quelles qu'en furent les circonstances précises, elle-même mentionna une telle rencontre foudroyante dans son récit *Comment je suis entrée au Carmel de Cologne* : « Environ dix jours après mon retour de Beuron, j'eus la pensée suivante : n'était-il pas temps enfin d'entrer au Carmel ? Le Carmel était mon but depuis près de douze ans, depuis que la *Vie* de notre mère sainte Thérèse m'était tombée entre les mains en l'été 1921 et avait mis fin à ma longue quête de la vraie foi »[1]. La décision pour le baptême qui en

1. E. Stein, *Aus dem Leben einer jüdischen Familie und weitere autobiographische Beiträge*, *Wie ich in den Kölner Karmel kam*, *Edith Stein Gesamtausgabe*, Bd. 1, neu bearbeitet und eingeleitet von Maria Amata Neyer, ocd, unter Mitarbeit von Hanna-Barbara Gerl-Falkovitz, Freiburg, Herder, 2. Auflage, 2007, p. 350 ; trad. fr. C. et J. Rastoin, *Vie d'une famille juive*, *Comment je suis entrée au Carmel de Cologne*, Paris, Ad Solem-Éditions du Cerf, 2001, p. 494. Sur ces indications de

fut la conséquence avait été d'emblée la décision pour le Carmel, et c'est un livre qu'Edith Stein elle-même plaçait à l'origine de ce renversement. Ce livre est celui dont *Teresa de Jesús* avait écrit plusieurs versions sur l'ordre de ses confesseurs, sans leur donner de titre, jusqu'à la dernière, en 1565, dont Philippe II fera plus tard déposer le manuscrit à l'Escurial et qui ne sera publiée, à Salamanque, par Luis de León, qu'après la mort de la sainte, en 1586, sur la proposition de saint Jean de la Croix[1]. Qu'y avait-il dans le livre bientôt connu sous le titre de *Libro de la Vida* qui fût en mesure de provoquer un aussi grand ébranlement dans la vie de la phénoménologue Edith Stein ? Il n'est pas nécessaire d'atteindre à ce qui, dans une telle décision, doit demeurer inaccessible, pour pouvoir discerner, dans une certaine mesure au moins, ce qui s'est passé dans la nuit de l'été 1921. Il suffit de lire le *Livre de la vie* pour reconnaître dans la rigueur et la discipline avec lesquelles sainte Thérèse d'Avila décrivit, selon

Stein et leur interprétation, on se reportera à la note 20 dans l'*ESGA*, Bd. 1, *op. cit.*, p. 350-351, à Ulrich Dobhan, ocd, « Thérèse d'Avila et Edith Stein », dans *Edith Stein. Disciple et maîtresse de vie spirituelle*, trad. fr. sœur Cécile Rastoin, ocd, Paris, Éditions du Carmel, 2004, ainsi qu'à Chr. Betschart, ocd, « Edith Stein, lectrice de Thérèse d'Avila : l'impact d'une rencontre », *Revue théologique des Bernardins* 14, mai-août 2015. – Je remercie mes amis María Guibert Elizalde, Montserrat Herrero López et Jaume Aurell Cardona, de l'université de Navarre, pour leurs indications et leurs corrections dans l'espagnol du Siècle d'or.

1. Sur l'histoire du manuscrit, on se reportera à Santa Teresa de Jesús, *Obras completas*, « Biblioteca de autores cristianos », Edición manual, transcripción, introducciones y notas de Efrén de la Madre de Dios, ocd, y Otger Steggink, o. carm., Madrid, 2018, p. 31-33 ; en français, Thérèse d'Avila et Jean de la Croix, *Œuvres*, sous la direction de J. Canavaggio, « Bibliothèque de la Pléiade », Paris, Gallimard, 2012, p. 937 *sq*.

ses plus stricts contours, ce que son *expérience directe* attestait, le confiant au discernement et à la correction des *letrados* dont elle n'était pas, mais s'assujettissant elle-même à la fidélité la plus absolue à ce qui se donnait à chaque fois à elle, à ce qui apparaissait selon divers modes d'apparition sur lesquels elle cherchait aussi à s'expliquer – pour discerner, en toute cette discipline, une rigueur parente au moins de celle à laquelle Edith Stein s'était elle-même entièrement vouée à l'école de Husserl et ne devait jamais cesser d'astreindre, au Carmel, son travail philosophique. La rencontre avec sainte Thérèse d'Avila était pour Edith Stein la rencontre avec ce que Thérèse de Jésus décrivait de ses propres rencontres troublantes, même si Stein n'y avait accès, alors, que par l'intermédiaire de la sainte, et non pas peut-être, selon toute apparence au moins, sur le mode de l'expérience directe phénoménologiquement requise. L'ébranlement d'une telle rencontre devait s'entendre encore dans le principe sous lequel se tiendrait le grand livre de 1937, lui aussi posthume, *Endliches und ewiges Sein* : « La rencontre avec un étant jusqu'à présent inconnu montre l'étant et l'être en tant que tel sous un nouveau profil [*von einer neuen Seite*] »[1].

Comment caractériser la rigueur phénoménologique des descriptions de sainte Thérèse ? Dans une contribution remarquable, Jean-François Lavigne a établi ce qui, dans les descriptions de Thérèse, pouvait relever de l'*Einstellung* phénoménologique telle

1. E. Stein, *Endliches und ewiges Sein*, *Edith Stein Gesamtausgabe*, Bd. 11/12, Freiburg, Herder, 2006, p. 31.

que Husserl en avait pensé la méthode, jusqu'à la réduction phénoménologique en tant que « réduction de l'apparaissant à cela seul qui effectivement se livre à moi dans son apparaître » et à la reconnaissance des essences des vécus[1]. Il pouvait ainsi retrouver dans les écrits de la sainte les traits, qui en distinguent la dimension authentiquement phénoménologique, du recours à l'*expérience*, de la donation de la chose même dans un *apparaître*, de l'approche *descriptive* et de la *réduction eidétique* des vécus, et reconstituer alors, en rappelant l'exigence pleinement thérésienne du « contrôle critique »[2], la structure de l'intentionnalité à l'œuvre dans les descriptions de sainte Thérèse d'un vécu reconnu comme « portant son sens » en lui-même et accessible, en tant que « sentir avec évidence absolue »[3], à une connaissance objective, mais, par rapport à l'intentionnalité dans son concept husserlien, comme « intentionnalité inversée », où la donation du don de Dieu « s'opère *indépendamment de toute visée subjective* humaine, la précède, la déborde ou la contrarie », en tant que « vécu de révélation »[4], « auto-phénoménalisation (ou auto-donation) d'une dimension d'être qui échappe dans son principe à toute constitution

1. J.-Fr. Lavigne, « Les vécus de l'oraison et la phénoménologie de l'intentionnalité. L'approche phénoménologique peut-elle éclairer l'expérience spirituelle de sainte Thérèse d'Avila ? », *Teresianum* 66, 2015, 1-2, p. 285.

2. *Ibid.*, p. 288.

3. *Ibid.*, p. 300.

4. *Ibid.*, p. 296.

possible, parce qu'elle ne peut pas avoir son principe dans la subjectivité transcendantale »[1].

De notre côté, la difficulté que nous étudierons à partir des descriptions de sainte Thérèse concernera les traits qu'elle-même indique pour *les divers modes d'apparaître* de tout ce qui s'est donné à elle, dans leur rapport à l'apparaître du monde. Il s'agit de reconstituer l'*Einstellung* dans laquelle se donnent les vécus mystiques tels qu'ils sont rapportés par sainte Thérèse et ainsi, si l'on veut, d'une *Einstellung* mystique ou, dans la langue de Husserl, d'une attitude elle-même « altérée » par ce que sainte Thérèse quant à elle appelle « surnaturel », en son opposition à l'*Einstellung* caractéristique de la « nature » créaturelle. Par là, nous ne pensons pas qu'une telle « altération » doive être pensée comme identique à « l'altération radicale » que commente le célèbre chapitre Ier de la Deuxième section des *Ideen* de 1913[2] et qui devait dégager une nouvelle région d'être, la région de la conscience pure. Mais, d'une part, si, comme l'écrivait Husserl, « dans l'attitude théorique que nous nommons l'attitude « *naturelle* », l'horizon d'ensemble au sein duquel des recherches sont possibles est donc désigné d'un mot : c'est le *monde* »[3], une telle « attitude naturelle » et le

1. *Ibid.*, p. 303. De toute cette analyse, magistrale, nous ne pouvons qu'évoquer certains résultats.

2. E. Husserl, *Ideen zu einer reinen phänomenologie und phänomenologischen Philosophie*, hrsg. v. W. Biemel, Husserliana, Bd. III, Haag, M. Nijhoff, 1950, II, 1, § 31, p. 63 ; *Idées directrices pour une phénoménologie pure et une philosophie phénoménologique*, II, 1, § 31, trad. fr. J.-Fr. Lavigne, Paris, Gallimard, 2018, p. 86.

3. *Ideen*, I, 1, § 1, *op. cit.*, p. 10 ; *Idées*, I, 1, § 1, *op. cit.*, p. 21.

« monde » de cette « attitude naturelle » subissent aussi dans le « voir » (qui n'est pas un voir) de sainte Thérèse une « altération » qui, pour n'être pas exactement une « mise hors d'action », « mise hors circuit » ou « mise entre parenthèses », telle que la discernait Husserl[1], n'est pas moins radicale, et qu'il faudra par conséquent chercher à décrire rigoureusement, en tant qu'« altération mystique ». D'autre part, même si nous ne pouvons, pour penser les descriptions thérésiennes, nous en tenir à l'orthodoxie husserlienne, il n'est pas impossible de rappeler l'étrange *Anmerkung* que Husserl avait pensé devoir porter à la fin du § 51, une fois dégagée la région de la conscience pure comme « champ fondamental »[2] de la phénoménologie. Surgissait alors la question du *Grund* pour « l'ordre donné du cours de la conscience », avec la contingence qui marque de part en part celui-ci : un « fondement » qui, puisqu'il doit fonder la région absolue, « ne peut pas » « pour des raisons eidétiques, être admis *comme une transcendance selon le sens du monde* » (un Dieu lui-même mondain), mais doit être cherché dans la région absolue elle-même. En elle cependant, il ne peut pas non plus être pensé comme immanent de l'immanence propre à l'être en tant que vécu. Il faut alors restituer tout ce qui suit dans la *Remarque* :

> [...] Il doit [*muß*] y avoir dans le flux absolu de la conscience et ses infinités d'autres façons, pour des transcendances, de se manifester [*andere Weisen der*

1. *Ideen*, II, 1, § 32, *op. cit.*, p. 67 ; *Idées*, II, 1, § 32, *op. cit.*, p. 91.
2. *Ideen*, II, 3, § 50, *op. cit.*, p. 119 ; *Idées*, II, 3, § 50, *op. cit.*, p. 155.

> *Bekundung von Transzendenzen*], que la constitution de réalités chosiques comme unités d'apparitions concordantes ; et il doit [*müssen*] finalement exister aussi des manifestations intuitives auxquelles une pensée théorique pourrait se conformer, de sorte qu'en en suivant le développement de manière rationnelle on puisse faire comprendre l'action unitaire souveraine [*einheitliches Walten*] du principe théologique que l'on suppose. Il est alors évident aussi que cette action souveraine [*dieses Walten*] ne saurait être conçue comme causale au sens du concept naturel de causalité, qui est mis au diapason des réalités et des enchaînements fonctionnels qui appartiennent à leur essence particulière[1].

Quels sont ces modes de manifestation pour « des transcendances » qui doivent se présenter dans la région absolue de la conscience ? Il n'est pas impossible de considérer que les descriptions thérésiennes se tournaient déjà, selon leur rigueur propre et avec une ampleur qui comprenait sans doute le *Walten*, le « règne » ou la « souveraineté » de Dieu, tout autrement qu'à partir de la seule recherche du *Grund* pour l'ordre qui se présente dans la conscience pure, vers une telle *Bekundung* des « transcendances » qui se rassemblent sous le nom de Dieu. Considérons une telle rigueur et une telle ampleur thérésiennes dans la description d'une telle « manifestation des transcendances ».

Il faudra d'abord prendre la mesure de l'« altération » du monde de l'« attitude naturelle ». La radicalité et la profondeur de celle-ci sont décrites avec un riche détail dans le grand livre de Marcel Lépée, *Sainte Thérèse*

1. *Ideen*, II, 3, § 51, *op. cit.*, p. 121-122 ; *Idées*, II, 3, § 51, *op. cit.*, p. 158.

d'Avila. Le réalisme chrétien : « Pour être à Dieu tout entière », écrit-il de la façon sans doute à la fois la plus simple et la plus juste, « Thérèse doit mourir et renaître, il faut que Thérèse de Ahumada devienne Thérèse de Jésus. Et parce que Thérèse de Ahumada s'est formée comme tout le monde, Thérèse de Jésus sera un vivant paradoxe. Au bout de quelques années, le monde réel ne lui paraît qu'un songe »[1]. Le *Livre de la vie* doit décrire autant la « mort » de Teresa de Ahumada que la « naissance » de Teresa de Jesús, autant la mort de l'ancienne vie que la naissance de la nouvelle, qui est cependant, selon sainte Thérèse, la seule vie : « Je désirais vivre, car je voyais bien que je ne vivais pas, mais que je luttais avec une ombre de la mort, sans personne pour me donner la vie »[2]. L'altération décrite dans le *Livre de la vie* devra par conséquent ouvrir un tel passage vers la vie, l'accès à la vie : la « réduction » thérésienne doit conduire à la vie, à l'unique vie. Or un tel accès, en vue de devenir Teresa de Jesús, ne peut être frayé à partir de la « vie misérable », « ma triste vie »[3]. Il faut que quelque chose, il faut que *quelqu'un se montre* pour qu'une telle vie qui est un *ne pas vivre* reçoive la vie, c'est-à-dire d'abord le mouvement qui la jettera sur le chemin qui conduit à la vie. Sainte Thérèse l'écrit en un passage qui indique avec la plus grande netteté la puissance de l'*apparaître* sur lequel

1. M. Lépée, *Sainte Thérèse d'Avila. Le réalisme chrétien*, Paris, Les Études carmélitaines, Desclée de Brouwer, 1947, p. 102.

2. *Libro de la Vida* (désormais cité *Vida*), dans *Obras*, *op. cit.*, cap. 8, p. 63 ; trad. fr. J. Canavaggio, *Livre de la vie*, *op. cit.*, p. 52.

3. *Vida*, *Prólogo*, p. 33 ; trad. fr. p. 5.

repose l'ouverture de ce qu'elle appelle le « chemin de la vérité »[1] : « Notre nature est si morte que nous allons vers ce que nous voyons devant nous »[2]. La « nature morte » ou plutôt « si morte », *tan muerto*, est la nature immobile, arrêtée dans la « vie misérable » aussi longtemps que rien ne se montre à elle. Nous sommes « morts », mais nous désirons vivre. Parce que notre nature créaturelle ne va qu'à ce qu'elle « voit présent », il faut que quelque chose ou quelqu'un *vienne d'une façon ou d'une autre en présence*. Pourtant, si la Vie ne peut être que reçue, et doit, ainsi, elle-même venir à nous, il faudra du moins, comme sainte Thérèse ne cessera d'y revenir, que celui qui reçoit *comprenne qu'il a reçu*. Seule une telle clarté, une telle *netteté absolue* dans la compréhension de ce qui est donné et reçu, *comprenant qu'il est absolument donné et qu'il est reçu absolument*, pourra commencer à tourner la conscience vers l'« altération » qui mettra initialement en mouvement la « nature morte » : « Il est impossible, je pense, selon notre nature, d'avoir le courage de faire de grandes choses lorsqu'on ne comprend pas qu'on est favorisé par Dieu »[3]. Seul celui qui comprend qu'il a reçu « un gage de l'amour que Dieu lui porte », en même temps qu'« une foi vive », *fe viva*, trouvera la « force », *fortaleza*, d'« abhorrer toutes les choses d'ici-bas et de

1. *Vida*, cap. 1, p. 35 ; trad. fr. p. 8.

2. *Porque es tan muerto nuestro natural, que nos vamos a lo que presente vemos*, *Vida*, cap. 10, p. 68 ; trad. fr. p. 59.

3. *Es imposible – conforme a nuestra naturaleza, a mi parecer – tener ánimo para cosas grandes quien no entiende está favorecido de Dios*, *Ibid.*

s'en détacher tout à fait [*con gran desasimiento*] »[1]. Ainsi, en premier lieu, c'est le trait propre de l'amour, lorsqu'il est pensé strictement à partir de l'expérience directe dans laquelle il se donne, que de *venir d'abord lui-même à nous*, et d'être ainsi, originairement, reçu, selon ce qu'avait indiqué la Première épître de Jean : « En ceci consiste l'amour : ce n'est pas nous qui avons aimé Dieu, mais c'est lui qui nous a aimés »[2]. Mais, en second lieu, c'est une telle conscience advenant en moi de la *donation pure*, autrement dit du *don*, qui formera l'*Einstellung* fondamentale que la vérité elle-même découvre et instaure en son apparaître, ouvrant aussi en se montrant la condition de sa manifestation. Seule une telle *Einstellung*, en cette instauration par la vérité en tant qu'amour venant au-devant de moi, constitue la « réduction » mystique en laquelle apparaît la vie, le domaine de la vie.

Or tel est le sens fondamental de l'*humilité* thérésienne. Car ce que sainte Thérèse appelle « humilité » est, dans son essence, savoir : elle n'est rien d'autre que le nouveau rapport à la vérité instauré par la vérité elle-même, le rapport à ce que sainte Thérèse appelle « la Vérité même » *(la mesma Verdad)* se montrant en tant qu'amour. Ce sont *Les Demeures du château intérieur* qui en donneront peut-être la description la plus précise. Dans les *Sixièmes Demeures*, sainte Thérèse évoque cet apparaître de la vérité qui établit à la fois

1. *Vida*, cap. 10, p. 68 ; trad. fr. p. 59.

2. ἐν τούτῳ ἐστὶν ἡ ἀγάπη, οὐχ ὅτι ἡμεῖς ἠγαπήκαμεν τὸν θεόν, ἀλλ' ὅτι αὐτὸς ἠγάπησεν ἡμᾶς (1 Jn 4, 10).

un sens nouveau pour elle et un nouveau rapport à elle : « Il arrive aussi, d'une manière soudaine et qu'on ne saurait dire, que Dieu fasse voir en lui-même une vérité qui jette une ombre, semble-t-il, sur toutes celles qu'il y a dans les créatures, donnant clairement à entendre que lui seul est vérité qui ne saurait mentir »[1]. Lorsque lui se montre, il montre la vérité, la vérité apparaît elle-même pour la première fois lorsque lui-même apparaît. « C'est vérité qui ne peut faire défaut », écrit Thérèse[2], et ainsi la vérité même, comme il faut en qualifier la présence, puisque c'est elle qui se montre *en personne*, et dès lors la difficulté sera de la « recevoir », elle qui se montre sans réserve : « Cela me rappelle », poursuit-elle, « le poids de la question de Pilate à notre Seigneur, qui lui répondit, lors de sa Passion, ce qu'était la vérité, et le peu que nous comprenons ici-bas de cette Vérité suprême »[3]. C'est l'apparaître, pour la première fois, de cette vérité qui jamais « ne fait défaut » qui renverse ou, si nous suivons Jean-François Lavigne, « inverse » la structure de l'intentionnalité et requiert, mais en l'instituant elle-même, la nouvelle *Einstellung* en laquelle seule elle pourra apparaître comme telle. Aussi Thérèse enjoint-elle constamment à ses sœurs

1. *Moradas del castillo interior* (désormais citées *Moradas*), *Sextas moradas*, cap. 10, 6, dans *Obras*, *op. cit.*, p. 561 ; *Le Château intérieur ou les demeures de l'âme*, *Sixièmes Demeures*, chapitre X, trad. fr. Cl. Allaigre, *Œuvres*, *op. cit.*, p. 656.

2. *Es verdad que no puede faltar*, et plus haut : *El solo es verdad que no puede mentir*, *Moradas*, *Sextas moradas*, cap. 10, 6, p. 562 ; trad. fr. p. 656.

3. *Ibid.*

d'observer, avec la plus grande exactitude, l'humilité ainsi radicalement entendue, contre plusieurs figures de la fausse humilité : « … toujours nous appliquer avec le plus grand soin à marcher dans cette vérité », « … nous comporter selon la vérité devant Dieu et devant les gens de toutes les façons que nous pourrons »[1]. Car *marcher dans la vérité* sera désormais la description la plus précise et la plus simple de l'humilité : « C'est parce que Dieu est la suprême Vérité, et que l'humilité n'est autre chose que marcher dans la vérité »[2]. Mais, à nouveau, il n'est possible de « marcher dans la vérité » que dans la mesure où la vérité a elle-même ouvert le chemin vers elle, autrement dit s'est montrée elle-même à notre nature morte. Le *Livre de la vie* avait déjà cherché à décrire cet apparaître de la vérité dans l'humilité. Cet apparaître en lui-même demeure, pour Thérèse, *inexplicable*, elle n'en comprend ni le mode, ni la raison : demeure seulement *la netteté absolue de sa venue en présence*, qui n'est pas celle que donne un voir au sens de toute vision, mais plutôt celle d'une

1. *... que estudiemos siempre mucho de andar en esta verdad.* Plus loin : *... que andemos en verdad delante de Dios y de las gentes*. *Moradas, Sextas moradas*, cap. 10, 6, p. 562 ; trad. fr. p. 656.

2. *que es porque Dios es suma Verdad, y la humildad es andar en verdad*, *Ibid*. Nous gardons ici la traduction de M. Lépée, *Le réalisme chrétien*, *op. cit.*, p. 177 : « Oui, c'est une très grande vérité que nous n'avons rien de bon de nous-mêmes, et que la misère, le néant, sont notre partage. Quiconque ignore cela, marche dans le mensonge [*anda en mentira*], et celui qui en est aussi le plus convaincu se rend plus agréable à la suprême Vérité, parce qu'il marche dans la Vérité [*porque anda en ella*]. Que Dieu, mes filles, nous accorde la grâce de ne jamais perdre cette connaissance de nous-mêmes ! » On lira le magnifique commentaire de M. Lépée, *Le réalisme chrétien*, *op. cit.*, II, chapitre 5, p. 174 *sq*.

parole : « Le Seigneur me fit alors l'insigne faveur d'une parole particulière [*una particular palabra*]. Je ne sais comment, car je ne vis rien [*Yo no sé cómo esto fue, porque no vi nada*] ; mais je me retrouvai de telle sorte que je ne puis non plus le dire [*mas quedé de una suerte que tampoco sé decir qué*], pleine d'un immense courage et vraiment prête à accomplir de toutes mes forces la moindre parcelle de la Divine Écriture »[1]. « Une parole particulière », c'est-à-dire personnelle : la vérité se donne personnellement à Thérèse (et plus précisément : de personne à personne, comme il apparaîtra dans le rapport, de plus en plus net, de Thérèse à la Trinité), sur un mode unique et qu'elle ne peut faire comprendre, elle qui ne cesse pourtant de chercher à se faire entendre, au point que c'est là la marque et le sens de son écriture : chercher à faire comprendre ce qui se montre, à décrire et à faire entendre ce qui *ne se laisse ni décrire ni entendre*, et à le décrire *précisément comme tel*. La présence qui se donne ainsi de *la vérité même*, ou, comme l'écrit sainte Thérèse, d'« une vérité de la vérité », est marquée par l'évidence absolue et ce que sainte Thérèse appelle sa « grandeur » : « Une vérité de cette divine Vérité [*una verdad de esta divina Verdad*] qui m'apparut resta gravée en moi, sans que je sache par qui ni comment, et elle m'inspira un nouveau respect de Dieu, car elle me donne de Sa Majesté et de son pouvoir une idée inexprimable. Ce que je puis comprendre, c'est que c'est une grande chose [*sé entender que es una grande cosa*] »[2]. Thérèse l'écrit une seconde fois : « je ne vis rien », *no vi nada*,

1. *Vida*, cap. 40, p. 223 ; trad. fr. p. 292.
2. *Ibid.*

mais « je compris », *entendí* : « Je compris ce que c'est pour une âme que de marcher dans la vérité en face de la vérité même [*entendí qué cosa es andar un alma en verdad delante de la mesma Verdad*]. Ce que je compris, c'est que le Seigneur me faisait comprendre qu'il est la vérité même [*Esto que entendí es darme el Señor a entender que es la mesma Verdad*] »[1]. Et ainsi, comme elle le note elle-même, elle « comprit » l'humilité, ou plutôt elle fut transportée dans l'humilité, qui est un comprendre, et qui lui fut « laissée » par cette venue en présence de la Vérité même en elle[2]. Ainsi l'humilité est-elle « route royale », en tant que route ouverte par le Roi lui-même : celui qui aime de cet amour marche « en sûreté », « il marche dans la vallée de l'humilité »[3].

Dans la dimension de l'humilité, selon un tel « voir » qui est un « ne pas voir » (« je ne vis rien »), selon, par conséquent, ce que nous appelons la réduction mystique, la mesure de la vérité est entièrement changée, ou, plus rigoureusement, « la Vérité même » ainsi apparue devient la mesure de toute vérité, et c'est par conséquent en effet une *région absolue* qui s'est ouverte là pour Thérèse : « Cette vérité dont je dis qu'on me la fit comprendre est une vérité en elle-même, qui n'a ni commencement ni fin, et toutes les autres vérités en dépendent, et toutes les autres amours, de cet amour, et

1. *Vida*, cap. 40, p. 223 ; trad. fr. p. 292 (trad. modifiée).

2. « Cela laissa en moi beaucoup de tendresse, de douceur et d'humilité. », *Ibid.*

3. *va por el valle de la humildad*, *Vida*, cap. 35, p. 194 ; trad. fr. p. 249.

toutes les autres grandeurs, de cette grandeur »[1]. Région absolue à partir de laquelle tout ce qui apparaît dans le monde, jusqu'à l'« honneur » que Teresa de Ahumada avait, jeune fille, placé si haut[2], devra toujours lui-même être mesuré, et en regard de laquelle il sera reconduit au rêve.

Mais une telle région absolue ne s'ouvre que dans l'expérience directe de ce qui se montre. Quels sont les caractères d'une telle « expérience » thérésienne ? Elle prend la forme des différents degrés de l'oraison, dans les trois figures ascendantes, si riches et nuancées dans leur description, de la quiétude, de l'union et du mariage mystique[3], dont Thérèse observe en elle l'avènement et le déploiement entièrement libres, inanticipables et inconstructibles. Que l'expérience soit ici la source absolument unique, est attesté par la distinction que sainte Thérèse établit, avec beaucoup de nuances et *ne les opposant jamais*, entre ceux qui, dans la langue

1. *Esta verdad que digo se me dio a entender, es en sí mesma verdad y es sin principio ni fin, y todas las demás verdades dependen de esta verdad, como todos los demás amores de este amor y todas las demás grandezas de esta grandeza*, *Vida*, cap. 40, p. 224 ; trad. fr. p. 292-293.

2. *Vida*, cap. 2, p. 37 ; trad. fr. p. 11 : « Je tenais extrêmement à avoir cet honneur si vain ». Cf. *Vida*, cap. 20, p. 115 ; trad. fr. p. 130 : « Elle s'afflige de s'être souciée naguère du point d'honneur [*puntos de honra*] et d'avoir commis l'erreur de croire que ce que le monde appelle honneur était honneur ; elle voit là un énorme mensonge dont nous sommes tous dupes. Elle comprend que le véritable honneur n'est pas menteur, mais vrai [*Entiende que la verdadera honra no es mentirosa, sino verdadera*], car il estime ce qui est estimable et tient pour rien ce qui n'est rien ; tout n'est en effet que néant et encore moins que néant [*pues todo es nada y menos que nada*] tout ce qui passe et ne plaît pas à Dieu ».

3. À nouveau il nous faut renvoyer aux analyses, restées sans égales, de M. Lépée, *Le réalisme chrétien*, *op. cit.*, IIe partie.

paulinienne, « ont l'esprit » et les « doctes », dont elle n'est pas. L'autorité de l'expérience n'est jamais la sienne, justement parce qu'elle n'est pas l'un des doctes, mais celle de l'évidence absolue de ce qui se montre, et Thérèse n'oppose assurément jamais celle-ci à la doctrine : « C'est une grande chose que la science de la doctrine [*es gran cosa letras*], parce qu'elle nous instruit beaucoup, nous qui savons peu de choses, et elle nous éclaire »[1]. Mais, alors même qu'elle s'en remet constamment aux doctes, précisément parce qu'elle n'en est pas, pour juger de la rectitude de ce qu'elle écrit, elle entend aussi *demeurer absolument fidèle* à la source spirituelle de l'expérience, qui fut parfois pour elle, par conséquent, déchirante. L'une des évocations les plus nettes de cette fidélité et de la tension qui la traverse est donnée au chapitre XXXIV du *Livre de la vie* :

> Et notre erreur est de croire qu'avec les années nous allons comprendre ce qu'en aucun cas nous ne pouvons atteindre sans expérience [*sin espiriencia*] ; aussi, je le répète, beaucoup se trompent en voulant connaître les esprits sans les avoir [*en querer conocer espíritus sin tenerle*]. Je ne dis pas que celui qui n'a pas l'esprit [*quien no tuviere espíritu*], s'il est docte [*letrado*], ne saurait diriger ceux qui l'ont : mais il comprend les choses intérieures et extérieures qui suivent la voie naturelle dans les opérations de l'entendement et, dans les choses surnaturelles [*en lo sobrenatural*], il veille à ce qu'elles soient conformes à l'Écriture sainte. Pour le reste, qu'il ne se tue point, qu'il ne croie pas comprendre ce qu'il ne comprend pas, qu'il n'étouffe pas les esprits [*ni ahoge los espíritus*] : désormais, dans ce domaine,

1. *Vida*, cap. 13, p. 82 ; trad. fr. p. 81.

> un plus grand Seigneur que lui les gouverne et ils ne sont pas sans supérieur[1].

Ceux qui ont « les esprits », les « spirituels » – *eux aussi, dans l'oraison, obéissent*. Ce que Thérèse nomme « expérience » est l'expérience directe de ce qui se donne avec une évidence absolue, qui, se donnant à chaque fois de façon impérative dans un apparaître à lui tout à fait propre, déconcertant absolument l'entendement, doit être appelé, en ce sens au moins, « surnaturel ». *L'expérience est l'expérience de l'esprit*, et l'oraison est *obéissance à l'esprit*. Mais l'obéissance à l'esprit dans l'humilité devra elle-même être soumise, dans une obéissance que Thérèse ne conçoit pas comme moins absolue et dont la confession générale du *Livre de la vie* est l'exemple, aux doctes, autrement dit à la doctrine de l'Église, particulièrement, comme Thérèse ne cesse d'y revenir, concernant la conformité à l'Écriture. Il faut y insister : le *Livre de la vie* est écrit pour être soumis aux doctes, il doit, éclairant les sœurs, donner satisfaction, aussi, à une telle obéissance, qui est

1. *Vida*, cap. 34, p. 187 ; trad. fr. p. 239 (trad. modifiée). Sainte Thérèse pense ici à saint Paul, 1 Co 12, 4 *sq*. : « Il y a, certes, diversité de dons spirituels, mais c'est le même Esprit ». Διαιρέσεις δὲ χαρισμάτων εἰσίν, τὸ δὲ αὐτὸ πνεῦμα. L'apôtre pouvait déjà utiliser le pluriel, 12, 10 : « … à tel autre le discernement des esprits », ἄλλῳ [δὲ] διακρίσεις πνευμάτων. Et surtout 1 Th 5, 19-22 : « N'éteignez pas l'Esprit, ne dépréciez pas les dons de prophétie ; mais vérifiez tout : ce qui est bon, retenez-le ; gardez-vous de toute espèce de mal ». τὸ πνεῦμα μὴ σβέννυτε, προφητείας μὴ ἐξουθενεῖτε, πάντα δὲ δοκιμάζετε, τὸ καλὸν κατέχετε, ἀπὸ παντὸς εἴδους πονηροῦ ἀπέχεσθε. Cette dernière injonction, celle du discernement, donne à elle seule le sens entier de la rigueur thérésienne.

absolue[1]. En regard de ce qui est écrit au chapitre XXXIV, et que nous donnions à l'instant, doit par conséquent être tenu ce que Thérèse avait indiqué au chapitre XIII :

> Et ne commettez pas l'erreur de dire que les hommes doctes dénués d'oraison [*letrados sin oración*] ne sont pas faits pour celui qui la pratique : j'en ai fréquenté beaucoup, car, depuis quelques années, j'en ai eu un besoin extrême, et je les ai toujours aimés ; car, bien que certains manquent d'expérience [*algunos no tienen espiriencia*], ils n'abhorrent pas l'esprit [*no aborrecen a el espíritu*] ni ne l'ignorent ; et dans l'Écriture sainte qu'ils pratiquent, ils trouvent toujours la vérité du bon esprit [*las verdades de el buen espíritu*]. Je tiens pour moi qu'une personne qui fait oraison, si elle consulte des doctes et ne veut pas s'abuser elle-même, ne le sera pas par les illusions du démon ; car je crois que les démons craignent la science humble et vertueuse [*las letras humildes y virtuosas*], et ils savent qu'ils seront démasqués et finiront par perdre[2].

Ainsi la science de la doctrine n'est-elle en rien, selon Thérèse, étrangère à l'esprit, qu'elle « trouve » dans la sainte Écriture : parce qu'elle n'est pas étrangère à l'humilité qui est la disposition fondamentale dans laquelle seule l'oraison a lieu. L'oraison dans l'humilité selon Thérèse ne peut pas ne pas s'accorder, en tant

1. On se reportera au *Livre de la vie* (*Vida*, cap. 5, p. 45 ; trad. fr. p. 24) : « J'ai toujours estimé le savoir [*siempre fui amiga de letras*], bien que des confesseurs à demi savants [*confesores medio letrados*] aient fait grand tort à mon âme, car ils n'étaient pas aussi doctes que je l'aurais voulu [*porque no los tenia de tan buenas letras como quisiera*] ». Sur le sens de *letrados*, *cf.* la note de J. Perez dans sa traduction du *Livre des Fondations* pour la même édition, *op. cit.*, p. 976 (n. 4 du *Prologue*).

2. *Vida*, cap. 13, p. 82 ; trad. fr. p. 81.

qu'expérience spirituelle, avec la « science humble » des doctes, *las letras humildes*.

Phénoménologiquement cependant, le plus frappant est cette préoccupation constante dans le livre de sainte Thérèse : *décrire exactement* l'expérience et *s'en tenir rigoureusement* aux limites de ce qui lui apparaît : « Je puis dire ce dont j'ai l'expérience »[1]. Expérience dont rien jamais ne saurait tenir lieu[2], et elle-même absolument incontrôlable : le discernement dont Thérèse toujours à nouveau rappelle l'exigence et qu'elle demande à ses confesseurs est d'autant plus nécessaire que l'expérience se donne, dans son évidence absolue, de façon absolument libre, *avec l'autorité, la souveraineté proprement spirituelles* de Celui qui apparaît et se donne où Il veut et quand Il veut. Or l'humilité, en tant qu'elle constitue le rapport à la vérité, est précisément la seule disposition, elle-même donnée et reçue, qui soit à même d'accueillir la liberté absolue de ce qui se donne ainsi : « Il n'y a donc pas à vouloir ou à ne pas vouloir ; on voit clairement que le Seigneur veut qu'il n'y ait qu'humilité et confusion et que nous prenions ce qu'on nous donne et que nous louions celui qui nous le donne »[3]. *Ce qui se donne se donne toujours dans la liberté absolue de son*

1. *Vida*, cap. 8, p. 61 ; trad. fr. p. 48.

2. « Ce que je compris, par la suite, c'est que si le Seigneur ne m'avait instruite, je n'aurais pu apprendre grand-chose dans les livres, car ce que je comprenais n'était rien jusqu'au jour où Sa Majesté me l'a fait comprendre par l'expérience, et je ne savais même pas ce que je faisais », *Vida*, cap. 22, p. 121 ; trad. fr. p. 139.

3. *Ansí que aquí no hay que querer y no querer. Claro se ve quiere el Señor que no haya sino humildad y confusión, y tomar lo que nos dieren y alabar a quien lo da*, *Vida*, cap. 29, p. 154 ; trad. fr. p. 190.

apparaître à lui-même absolument propre, en sorte qu'il n'est possible ni de le vouloir ni de le refuser, comme aussi, précise Thérèse, « tous nos efforts sont impuissants à nous faire voir plus ou moins »[1]. « Humilité » veut dire : prendre ce qui se donne dans les limites selon lesquelles il se donne, et quel qu'il soit, et *ne fût-il*, un jour, *plus rien* : « ... Nous devenons humbles et craintifs [*humildes y temerosos*] en voyant que, de même que le Seigneur nous ôte le pouvoir de ce que nous voulons, il peut nous ôter ces faveurs et la grâce, nous abandonner à notre perte et nous maintenir dans la crainte, tant que nous vivons dans cet exil »[2]. Il est possible que toute l'expérience cesse un jour comme elle avait commencé[3], ou connaisse des interruptions que rien n'expliquera : ce qui se donne se donne inexplicablement, pour sainte Thérèse cela veut dire d'abord : sans mérite, sans justifier le moindre orgueil, précisément dans la mesure où il est purement donné, autrement dit *don à l'état pur : estas mercedes y la gracia.* Tel est le grand

1. « Il en est ainsi de toutes les visions, sans exception, nous n'y pouvons rien », *Esto es en todas las visiones, sin quedar ninguna, que ninguna cosa se puede, ni para ver menos ni más hace ni deshace nuestra diligencia*, *Vida*, cap. 29, p. 154 ; trad. fr. p. 190.

2. *Vida*, cap. 29, p. 155 ; trad. fr. p. 190-191.

3. Sur le commencement et les premières expériences, il faut lire le chapitre IX, où sont rapportées la vue d'une statue du Christ couvert de plaies (« J'essayais de me représenter le Christ en moi et je me trouvais mieux, ce me semble, là où je le voyais le plus seul », *Vida*, cap. 9, p. 64 ; trad. fr. p. 53) et la lecture des *Confessions* de saint Augustin (« Quand j'en arrivais à sa conversion et que je lus comment il avait entendu une voix dans le jardin, je crus que le Seigneur me la faisait entendre à moi aussi, selon ce que sentit mon cœur ; je restai longtemps inondée de larmes, tout affligée et abattue », *Vida*, cap. 9, p. 65 ; trad. fr. p. 55). On se reportera à M. Lépée, *Le réalisme chrétien*, *op. cit.*, p. 83 *sq.*

principe, qu'il faut dire phénoménologique, de Thérèse, de toujours rapporter le *voir* à un *montrer* qui est un *se montrer*, autrement dit à une donation absolument libre qui donne aussi de pouvoir la recevoir, et ainsi de pouvoir voir : « Car il n'est nul moyen pour l'âme de voir plus que ce qui lui est montré, c'est impossible ; je ne voyais donc rien de plus que ce que le Seigneur voulait me montrer chaque fois »[1]. L'âme ne peut rien faire qu'accueillir ce qui se donne à elle, qu'elle ne saurait anticiper ni constituer d'aucune façon. Ce n'est pas à dire pourtant qu'elle doive abandonner l'activité de l'entendement : sainte Thérèse au contraire a toujours maintenu la nécessité de la « méditation », où le secours de l'entendement est requis lorsque la volonté n'a pas encore pris feu[2], et la tentative de comprendre comme de faire comprendre : recevoir la faveur, « comprendre en quoi consistent cette faveur et cette grâce », et « savoir en parler et donner à entendre ce qui en est », sont eux-mêmes trois « faveurs » du Seigneur[3].

1. *porque querer ver el alma más de lo que se le representa, no hay ningún remedio, ni es posible, y ansí no vía más de lo que cada vez quería el Señor mostrarme*, *Vida*, cap. 38, p. 207 ; trad. fr. p. 269.

2. Marcel Lépée, qui cite le *Chemin de perfection* (XXIV, 5), écrit : « Justifier l'amour, c'est le rôle essentiel de la méditation, et, quand elle aime, Thérèse a derrière soi vingt ans d'efforts pour se placer dans la vérité » (*Le réalisme chrétien*, *op. cit.*, p. 217). Concernant le « feu », il traduit un passage des *Sixièmes Demeures*, chapitre 7, du *Château intérieur* : « Faudra-t-il donc que l'âme demeure dans la sécheresse attendant, comme notre père Élie, que le feu du ciel vienne consumer le sacrifice qu'elle a fait d'elle-même à Dieu ? Non, certes, car on ne doit pas compter sur des miracles. Le Seigneur...veut...que nous nous aidions nous-mêmes autant qu'il est possible », *Moradas*, *Sextas moradas*, cap. 7, p. 550 ; trad. fr. p. 637.

3. *Vida*, cap. 17, p. 97 ; trad. fr. p. 103. L'expérience doit donc être ressaisie dans le savoir, c'est-à-dire aussi la doctrine.

Quant aux traits phénoménologiques qui distinguent une telle donation, il faudra noter la *difficulté descriptive* devant laquelle sainte Thérèse se retrouve toujours à nouveau. Elle décrit un savoir infaillible, se donnant dans une évidence absolue, à travers *un voir qui n'est pas un voir*, *un entendre qui n'est pas un entendre*, *un comprendre qui n'est pas un comprendre*, une parole, même, qui n'est pas une parole. Dès les premières expériences la représentation est hors circuit : « J'étais comme celui qui est aveugle ou dans l'obscurité, alors même qu'il parle avec une personne et qu'il voit qu'il est avec elle, car il est certain qu'elle est là : autrement dit, il le comprend et le sait, mais sans la voir ; et c'est ce qui m'arrivait aussi à moi lorsque je pensais à Notre Seigneur »[1]. Mais dans les premiers temps cette faiblesse représentative (de l'entendement comme de l'imagination) est justement ce qui la conduisait à se plaire aux images. La présence elle-même cependant se donnait dans la soudaineté d'un sentiment indubitable : « Il m'arrivait d'être si brusquement saisie du sentiment de la présence de Dieu, que je ne pouvais douter aucunement qu'il fût en moi, ou moi, que je me fusse tout abîmée en lui »[2]. Présence de Dieu en elle, que Thérèse cherchera à comprendre avec saint Augustin, ou d'elle-même en lui, comme il en ira, de la façon la plus nette, dans le renversement final que décriront

1. *Vida*, cap. 9, p. 64-65 ; trad. fr. p. 54.

2. *venirme a deshora un sentimiento de la presencia de Dios que en ninguna manera podía dudar que estava dentro de mí u yo toda engolfada en El*, *Vida*, cap. 10, p. 66 ; trad. fr. p. 57.

Les Demeures du château intérieur (dans la chambre la plus retirée de l'âme est Dieu, mais soudain c'est elle qui est dans la demeure de Dieu). Plus loin dans l'expérience, Thérèse décrira dans le *Livre de la vie* ce qu'elle appelle « défaillance » de l'âme, où les sens, mais aussi les puissances, sont « suspendus ». C'est alors la « réduction » mystique qui se trouve caractérisée de la façon la plus concrète, et c'est aussi une sorte d'*Ausschaltung*, que sainte Thérèse elle-même nomme « la suspension des sens » (*la falta de los sentidos*) : la respiration manque, « elle ne peut même plus remuer les mains », « ses yeux se ferment malgré elle » ou ne voient presque rien, « elle entend, mais sans comprendre ce qu'elle entend », il est impossible de former des mots, l'âme ressent une « grande et très notoire » « délectation extérieure » (*deleite esterior*)[1]. Dans la description thérésienne, la volonté, elle-même « immobile », « suspend » (*suspender*), dans l'amour même dont elle est emportée (et non par son décret), les autres puissances, pour un temps bref, ou difficilement calculable[2]. La description de ce que l'âme éprouve « à l'intérieur » est encore plus difficile, tellement cela est « obscur » (*tan escuro*). Tout s'efface, ne reste que l'amour, « la volonté entièrement occupée à aimer », mais qui ne comprend pas qu'elle aime, ou, pour le dire plus rigoureusement, selon la contradiction qui

1. *Vida*, cap. 18, p. 101-102; trad. fr. p. 110. Plus loin : « On dirait seulement qu'on a fermé, malgré elle, la porte à tous les sens afin qu'elle puisse mieux jouir du Seigneur. Demeurée seule avec lui, que va-t-elle faire, sinon l'aimer? », *Vida*, cap. 19, p. 103; trad. fr. p. 113.

2. *Vida*, cap. 18, p. 102; trad. fr. p. 111.

seule est chez Thérèse descriptivement fidèle, ne comprenant pas ce qu'elle « entend », « n'entend pas tout en entendant »[1]. Lorsqu'il lui arrivera, pour la première fois, d'« entendre » des paroles, il s'agira d'une « façon d'entendre » qui n'est justement pas un entendre[2]. Davantage, l'un des degrés les plus hauts de l'oraison, qu'elle appellera « ravissement » et qu'elle distinguera de l'union ou du moins dans l'union, sera décrit par ce qu'il adviendra du corps, de façon extrême et comme à la limite de toute expérience, lorsqu'en lui « le Seigneur se saisit de l'âme » : « Dans ces ravissements, l'âme ne semble plus animer le corps, on sent donc très vivement qu'il perd sa chaleur naturelle ; il se refroidit peu à peu, bien qu'avec une douceur et une délectation extrêmes [*con grandísima suavidad y deleite*] »[3]. Aucune résistance n'est alors possible, la « violence » de ce ravissement « emporte » l'âme « et parfois même tout le corps, jusqu'à le soulever [*y algunas todo el cuerpo, hasta levantarle*] »[4]. Cette dernière dimension de l'expérience, celle de la lévitation, a cependant le sens phénoménologique d'un approfondissement extrême de l'humilité devant la toute-puissance du Seigneur : « Nous ne sommes pas plus capables de retenir le corps

1. *Es no entender entendiendo*, *Vida*, cap. 18, p. 102 ; trad. fr. p. 111-112 (trad. modifiée). Nous revenons plus loin sur cette difficulté, chapitre II, p. 60 *sq*.

2. « Ce furent les premières paroles que je vous entendis m'adresser et j'en fus donc fort étonnée. Comme j'expliquerai plus loin cette façon d'entendre [*esta manera de entender*] ... », *Vida*, cap. 19, p. 106 ; trad. fr. p. 117.

3. *En estos arrobiamentos parece no anima el alma en el cuerpo*, *Vida*, cap. 20, p. 109 ; trad. fr. p. 121.

4. *Vida*, cap. 20, p. 109 ; trad. fr. p. 122.

que l'âme, quand sa Majesté le veut » : « une vive humilité s'imprime en nous ». Le « ravissement », dans la réduction, est par conséquent, à son degré presque extrême (car une certaine union sera plus haute encore que le ravissement), entouré de la crainte, qui elle-même cependant « s'enveloppe de l'immense amour que l'on éprouve à nouveau pour celui que nous voyons tant aimer ce ver de terre pourri, qu'il semble ne pas se contenter d'attirer vraiment l'âme à soi, mais qu'il veut aussi le corps, bien que mortel et formé d'un limon souillé de tant d'offenses que l'on a commises »[1]. Le « ravissement » appartient encore pleinement à l'humilité qui le reçoit et y atteint elle-même la plus grande profondeur. Sainte Thérèse a elle-même noté l'étrangeté, radicale et unique, de cette expérience-limite, et de ce qu'elle laisse après elle, qu'aucune description ne pouvait restituer, et où la réduction atteint en quelque sorte, non plus seulement pour la suspendre mais pour l'emporter, la nature elle-même : « Il nous reste aussi un étrange détachement [*un desasimiento estraño*], dont je ne saurais donner l'idée »[2]. L'étrangeté de ce détachement, « différent de quelque façon », tient à ceci qu'il emporte le corps, que *le corps lui-même entre dans le détachement* : « Car ici, bien que l'esprit [*el espíritu*] soit tout à fait détaché des choses, le Seigneur semble vouloir que le corps mette ce détachement en œuvre, et l'on se sent alors plus étranger aux choses de la terre [*hácese una estrañeza nueva para con las cosas de la tierra*], car il est désormais beaucoup

1. *Ibid.*
2. *Ibid.*

plus pénible de vivre »[1]. Selon un tel détachement en sa violence toujours à nouveau soulignée par Thérèse, la vie est entrée dans une étrangeté nouvelle, en regard de laquelle la vie naturelle devient de plus en plus difficile. Sainte Thérèse cherchera à décrire « cette peine » extrême, différente de l'union et du ravissement, qui elle aussi est « plus qu'un ravissement »[2], « une peine que nous ne pouvons ni éveiller en nous, ni chasser une fois survenue »[3], « une peine si subtile et si pénétrante »[4], que Thérèse rapportera, dans l'âme, à « l'extrême solitude où elle se voit »[5], à un désir qui s'éveille dans la souffrance, et à l'étendue qui s'ouvre alors en elle, et qu'elle décrira comme « désert », où l'âme est jetée, abandonnée[6] : « Dieu la vide de toute chose à tel point que, malgré ses efforts, elle ne trouve rien sur terre pour lui tenir compagnie ; elle-même n'en voudrait pas, mais désire seulement mourir dans cette solitude »[7]. Thérèse relève l'impossibilité où elle est de décrire la profondeur de cette solitude absolument nouvelle, qui n'a plus le sens de l'ancienne solitude[8],

1. *Vida*, cap. 20, p. 109 ; trad. fr. p. 122.
2. *Vida*, cap. 20, p. 113 ; trad. fr. p. 127.
3. *Vida*, cap. 20, p. 110 ; trad. fr. p. 123.
4. *Vida*, cap. 20, p. 111 ; trad. fr. p. 123 : *una pena tan delgada y penetrativa.*
5. *Ibid.*
6. ... *aunque el alma se estava puesta en aquel desierto* ..., « ... bien que l'âme ait été placée dans ce désert ... », *Vida*, cap. 20, p. 111 ; trad. fr. p. 124.
7. *Vida*, cap. 20, p. 110 ; trad. fr. p. 124.
8. *Vida*, cap. 20, p. 112 ; trad. fr. p. 126 : « Ce qui tourmente aussi l'âme, c'est que sa douleur soit si vive, qu'elle ne voudrait ni solitude, comme naguère, ni compagnie, sauf de ceux à qui elle pourrait se plaindre ».

en laquelle désormais s'accomplit une sorte de mort de l'âme au monde, et que Thérèse ne trouvant pas de mots cherche à éclairer à partir de l'Épître aux Galates, 6, 14 : l'âme est « crucifiée au monde », « crucifiée entre ciel et terre », sans aucun secours : « On dirait les affres de la mort, sauf que cette souffrance apporte avec elle une si grande joie, que je ne sais à quoi la comparer »[1].

Lorsqu'elle reviendra plus loin à la description du ravissement, elle insistera aussi sur la difficulté « de devoir se remettre à vivre » dans un monde auquel l'âme n'appartient plus (« L'âme considère ceux qui sont en bas comme qui se trouve en lieu sûr », « Quiconque regarde d'en haut découvre bien des choses. Elle ne veut plus vouloir »[2]). Mais l'un des traits qui distinguent l'expérience du ravissement est à nouveau cette ambivalence où l'intensité de la joie ne fait qu'un avec la peine extrême et nouvelle. Ainsi dans la description de la transverbération qui fut, quant à elle du moins, vision, « sous une forme corporelle », celle de l'ange lui perçant le cœur plusieurs fois, alors que la plupart du temps, précise Thérèse, ce qui « apparaît » ou « se représente » n'est pourtant pas « vu »[3] : « La douleur était si vive qu'elle me faisait pousser ces plaintes dont j'ai parlé, et la douceur qu'elle me procure est si extrême qu'on ne saurait désirer qu'elle cesse et l'âme ne saurait se contenter de rien de moins que

1. *Vida*, cap. 20, p. 111 ; trad. fr. p. 125.

2. *Vida*, cap. 20, p. 114 ; trad. fr. p. 129.

3. *Vida*, cap. 29, p. 157 ; trad. fr. p. 195 : « Des anges ont beau souvent m'apparaître, je ne les vois pas ». *Aunque muchas veces se me representan ángeles, es sin verlos.*

Dieu »[1]. Dans l'expérience de la nouvelle joie et du nouvel amour, une « peine » nouvelle s'est avancée avec eux.

La dernière page du *Livre de la vie* reviendra sur le lieu en lequel elle fut ainsi placée et le regard qui s'est ouvert en elle. Le lieu n'est pas seulement le Carmel nouveau, Saint-Joseph, à Avila, « ce petit coin si bien clos » où « Sa Majesté m'a cachée »[2]. Dans ce lieu où elle se tient à présent « hors du monde » (*fuera de mundo*), écrit-elle, et en vérité où qu'elle soit, « je le contemple comme d'en haut et peu m'importe ce que l'on dit ou ce que l'on sait ». Comment ce regard altier voit-il le monde ? À quoi celui-ci a-t-il, par cet œil, été reconduit, et avec lui, selon la nouvelle *Einstellung* (qui n'a rien d'une œuvre de la volonté), l'attitude naturelle ? La réponse de Thérèse est limpide, et phénoménologiquement saisissante : « La vie est devenue pour moi une sorte de rêve [*una manera de sueño*], si bien que je crois presque toujours rêver ce que je vois et je ne vois en moi ni grande joie ni peine. S'il m'arrive d'en éprouver, elle passe si vite que je m'en émerveille et je garde le sentiment d'une chose que j'ai rêvée »[3].

Mais ce n'est pas tout, et ce n'est pas non plus, sans doute, le lieu ultime. La réduction mystique ne reconduit pas seulement, ni même ultimement, le monde au rêve. « Hors du monde », pour Thérèse,

1. *Vida*, cap. 29, p. 158 ; trad. fr. p. 195. Nous y revenons plus loin, chapitre VI, p. 151.

2. *Vida*, cap. 40, p. 228 ; trad. fr. p. 228.

3. *Ibid.*

voudra dire aussi, au plus haut de l'union, devenue union nuptiale, et pour l'âme que Marcel Lépée appelle « l'âme surnaturalisée »[1], *au cœur du monde*. De plus en plus nettement, elle pourra se tenir *dans le monde* (c'est-à-dire, pour sainte Thérèse d'Avila : *dans les œuvres*, accomplies d'une volonté qui n'est plus la sienne) sur le mode d'une union que le monde, et le « service » auquel elle est appelée, n'altère plus, ne peut plus atteindre en sa liberté absolue, souveraine, même lorsque l'âme oscille encore, pourtant, entre service et silence, entre Marthe et Marie. Les *Demeures* s'achèveront ainsi avec ce qui s'est ouvert au plus haut de l'oraison, la « force de servir » : « Il faut que Marthe et Marie restent ensemble pour accueillir le Seigneur et lui tenir sans cesse compagnie de la sorte, ne lui réservant pas une mauvaise hospitalité en ne lui donnant pas à manger. Comment Marie aurait-elle pu le servir à table en restant assise à ses pieds, si sa sœur ne l'avait pas aidée ? »[2]. Il n'y aura plus de différence essentielle entre l'œuvre et la contemplation, les deux pôles de l'âme oscillante. Mais alors il n'y aura plus même de rêve ni « d'impressions de rêves » : « Thérèse a l'impression de vivre en pleine réalité »[3]. La « réduction » mystique l'avait conduite jusqu'à cette plénitude. La région absolue, qui s'était découverte à elle et en laquelle elle-même avait été ravie, puis établie, était la réalité.

1. M. Lépée, *Le réalisme chrétien*, *op. cit.*, p. 435.
2. *Moradas*, *Séptimas moradas*, cap. 4, p. 581 ; trad. fr. p. 684.
3. M. Lépée, *Le réalisme chrétien*, *op. cit.*, p. 439.

CHAPITRE II

VENI, CREATOR SPIRITUS

Dans toutes les descriptions qu'elle donna de ce qui lui était apparu dans l'oraison, sainte Thérèse de Jésus chercha à discerner et à rejoindre, de la façon la plus précise et la plus rigoureuse, les modes divers, à chaque fois, d'une venue. Cette venue est la venue de l'« esprit ». Mais en quel sens faut-il entendre celui-ci ? Est-il possible d'en rassembler les traits, tels qu'ils sont recueillis par sainte Thérèse selon la discipline qu'elle s'est imposée à elle-même dans la description, qui lui fut demandée, de ce qui venait ainsi à elle et en elle, et d'en caractériser de cette façon l'apparaître propre ? Si, comme nous le vîmes, l'œuvre au statut tout à fait unique de sainte Thérèse, écrivant par obéissance, c'est-à-dire par « la force de l'obéissance »[1], et à l'intention de ses sœurs du Carmel[2], paraît, par la rigueur méthodique et l'extrême prudence de ses descriptions, pouvoir

1. *Moradas*, *Prólogo*, p. 470 ; trad. fr. p. 519.

2. *Moradas*, *Prólogo*, p. 471 ; trad. fr. p. 520 : « ... Il est de quelque importance de réussir à exprimer certaines choses ; aussi parlerai-je à mesure avec elles de ce que j'écrirai, et c'est pourquoi, en outre, il serait déraisonnable de penser que cela puisse être utile à d'autres personnes ».

relever par avance de la fidélité phénoménologique au principe de la donation originaire dans un apparaître, une telle phénoménologie thérésienne pourra recevoir plus précisément, en un sens qui devra être éclairci, le sens d'une pneumatologie : du moins aux yeux qui cherchent, non à voir ce qu'elle a vu elle-même, mais à recueillir auprès d'elle les indications concernant les traits eidétiques de ce qui lui apparaît, de ce qui vient en présence à l'occasion « des faveurs que Dieu lui a faites dans l'oraison », autrement dit dans une expérience qu'il faudra dire, avec elle-même se conformant à la tradition, « mystique »[1].

Le principe pneumatologique de l'expérience thérésienne pourra être établi à partir de ce qui est, entre les expériences diverses accomplies par sainte Thérèse dans l'oraison, l'une de ses attestations les plus nettes, bien qu'elle ne soit pas encore la plus haute, celle qu'elle décrit en tant que *ravissement* (*arrobiamento*, *arrebatamiento*). Le *Livre de la vie* avait indiqué cette signature spirituelle lorsqu'il avait relaté le premier des ravissements de Thérèse. Son nouveau confesseur, en face des difficultés de Thérèse ne comprenant pas pourquoi elle devait « renoncer à certaines amitiés qui, pourtant, n'offensaient pas Dieu », lui « demanda de confier cela à Dieu pendant quelques jours et de réciter l'hymne *Veni Creator*, afin qu'il m'éclairât sur

1. Elle l'évoque dans le *Livre de la vie* lorsqu'elle commence à décrire les premières d'entre ces faveurs : « C'est ce qu'on appelle, je crois, "théologie mystique" [*mística teoloxía*] », *Vida*, cap. 10, p. 66 ; trad. fr. p. 56.

ce qui vaudrait le mieux »[1]. C'est sur ce chemin de l'obéissance, qui fut celui où advint l'expérience avant même d'être celui que devait suivre l'écriture, et qui devait demeurer le chemin constant de sainte Thérèse, son chemin absolument libérateur et créateur[2], qu'eut lieu la venue inaugurale qui reçut, d'une tradition elle-même tout à fait précise à laquelle il faudra revenir, le nom de ravissement. Sainte Thérèse en décrit ainsi l'événement : « Un jour où j'étais restée longtemps en oraison, à supplier le Seigneur de m'aider à le contenter en toutes choses, je commençai l'hymne ; et pendant que je la disais, je fus saisie par un ravissement si soudain, qu'il me tira presque hors de moi-même, sans que je puisse en douter, car ce fut manifeste. Ce fut la première fois que le Seigneur me fit la faveur d'un ravissement »[3]. Il faut prendre garde à la description exacte de cette première venue : elle est entourée d'une évidence qui en caractérise déjà la manifestation comme indubitable. Premier trait majeur de l'expérience thérésienne, alors même que Thérèse sur ses gardes ne cessera de demander conseil sur ce qui lui arrive dans une telle venue, le souvenir est pourtant conservé de *l'évidence irréfragable* dans laquelle elle s'est donnée. Quels que soient les critères dont Thérèse se mettra en

1. *Vida*, cap. 24, p. 133 ; trad. fr. p. 157.

2. *¡ Oh virtud de obedecer, que todo lo puedes !*, « *Oh, vertu d'obéissance, toi qui peux tout !*, *Vida*, cap. 18, p. 101 ; trad. fr. p. 109.

3. *...comencé el himno, y estánole diciendo, vínome un arrebatamiento tan súpito que casi me sacó de mí, cosa que yo no pude dudar, porque fue muy conocido. Fue la primera vez que el Señor me hizo esta merced de arrobamientos*, *Vida*, cap. 24, p. 133 ; trad. fr. p. 157.

quête pour discerner entre les expériences et attester ou refuser leur authenticité spirituelle, à l'intérieur de l'expérience elle-même ou auprès des doctes dont elle recherchera le conseil et auxquels elle se soumettra toujours, la manifestation spirituelle porte avec elle sa propre évidence absolue. L'évidence entoure le contenu de ce qui est révélé, de ce qui est donné à comprendre selon des modes divers mais toujours dans une clarté indubitable. Mais elle concerne aussi Celui qui se révèle, car la révélation est à chaque fois autorévélation, *venue en présence de quelqu'un* qui atteste lui-même sa propre présence réelle. Cette évidence se renforce, en second lieu, du caractère presque *irrésistible* de la donation ou de la venue[1], qui ne pourra pas non plus, d'autre part, être provoquée. Mais l'évidence devra encore, en troisième lieu, être dite, dans le cours de l'expérience, *absolument singulière*, trait d'étrangeté qui conduira Thérèse à la penser comme « surnaturelle »[2],

1. Thérèse distinguera cependant à cet égard le ravissement de l'union elle-même : *Vida*, cap. 20, p. 109 ; trad. fr. p. 121. « Mais y a-t-il moyen de résister d'une manière ou d'une autre ? En aucune façon, si on résiste, c'est plutôt pire – comme je le tiens d'une certaine personne – car Dieu, à ce qu'il semble, veut faire comprendre à l'âme qu'après s'être tant de fois remise si franchement entre ses mains et s'être offerte à lui de si bonne volonté, elle n'a désormais plus aucun droit sur elle-même », *Moradas*, *Sextas moradas*, cap. 4, p. 541 ; trad. fr. p. 623.

2. Il faudra constamment distinguer la faveur surnaturelle de ce qui n'a d'autre sens qu'une « faiblesse naturelle », mais qui pourra lui ressembler à certains égards. Le surnaturel est ce que l'âme voit, en dehors du cours ordinaire de l'apparaître, sans pouvoir se le présenter à elle-même, en sorte que cela doit toujours lui être montré. Elle ne verra que ce qui lui sera montré, dans les limites où cela lui sera montré : « … Sa nature [de l'âme] ne lui permet pas d'aller au-delà de ce que Dieu a voulu surnaturellement lui montrer ». *...ni llega su natural a más de lo*

et à chercher à la comprendre, avec les théologiens, à partir de la théologie mystique, et surtout à la rapporter constamment, à travers eux encore, aux saintes Écritures. L'apparition, quel qu'en soit le mode, est *évidente*, presque *irrésistible* et tout à fait *singulière*.

La description qui suit du premier ravissement dans le *Livre de la vie* l'établira alors dans la dimension inaugurale et décisive qui lui revient, car avec lui, « depuis ce jour », l'union de Thérèse avec son Seigneur fut scellée de façon absolument nouvelle : « J'entendis ces mots : "Je ne veux plus que tu converses avec des hommes, mais avec des anges". J'en fus épouvantée, car mon âme fut emportée par un grand élan et ces paroles me furent dites au plus intime de l'esprit, et cela me causa de la crainte, mais aussi un grand réconfort qui me resta, dès que se fut dissipée la peur causée par cette faveur inouïe »[1]. Que cet instant ait été celui d'une métamorphose, d'un retournement ou d'une conversion, scellant ainsi une union absolument personnelle, Thérèse ne manque pas de le noter. Mais la description mentionne un nouveau trait tout à fait essentiel, sur lequel le *Livre*

que sobrenatural ha querido Dios que vea, *Moradas*, *Sextas moradas*, cap. 4, p. 538 ; trad. fr. p. 618. Au contraire, les faux ravissements doivent être rapportés à « quelque faiblesse naturelle qui peut affecter des personnes de faible constitution, comme nous les femmes, si, dans un effort de l'esprit, nous forçons notre naturel jusqu'à en être hors de nous », *Moradas*, *Sextas moradas*, cap. 4, p. 538 ; trad. fr. p. 619.

1. *Entendí estas palabras : "Ya no quiero que tengas conversación con hombres, sino con ángeles". A mí me hizo mucho espanto, porque el movimiento del ánima fue grande y muy en el espíritu se me dijeron estas palabras, y ansí me hizo temor, aunque por otra parte gran consuelo, que, en quitándoseme el temor que a mi parecer causó la novedad, me quedó*, *Vida*, cap. 24, p. 133 ; trad. fr. p. 157.

de la vie revient constamment, la *crainte* qu'éveille la venue, et aussi le *courage* qu'elle demande et dispense à la fois : « Depuis ce jour, j'ai eu le courage de tout quitter pour Dieu, lui qui avait bien voulu, en ce seul instant – et je ne crois pas que cela ait duré plus longtemps –, transformer sa servante »[1]. Trait qui caractérisait déjà certaines apparitions angéliques dans l'Évangile, ainsi de la crainte de Marie devant l'ange de l'Annonciation (Lc 1, 30) ou de l'effroi des femmes à la vue des anges près du tombeau vide de Jésus (Lc 24, 5), la crainte qui s'empara de Thérèse est ainsi profondément unie au courage nouveau qui la portera à partir de ce jour, jusqu'à ce qu'elle-même s'établisse pleinement en lui, c'est-à-dire dans la confiance qui lui est venue de l'autorévélation de son Seigneur. Mais il faut encore relever, en cette description du ravissement initial, la dimension de *profondeur spirituelle* dans laquelle elle advient : *muy en el espíritu*. « Ceci me causa beaucoup d'étonnement; parce que l'émotion de mon âme fut grande, et ces paroles me furent dites fort profondément dans l'esprit », traduit le Père Cyprien de la Nativité de la Vierge[2]. Un tel renversement spirituel, advenant dans la plus grande profondeur de l'esprit, aura pour premier effet la liberté radicale absolument nouvelle, accordée à cette profondeur, qui fut alors donnée à Thérèse, la liberté de « tout quitter » dont elle ne

1. *Desde aquel día yo quedé tan animosa para dejarlo todo por Dios como quien havía querido en aquel memento – que no me parece fue más – dejar otra a su sierva*, *Vida*, cap. 24, p. 133 ; trad. fr. p. 158.

2. *La Vie de la Sainte Mère Térèse de Jésus écrite par elle-même*, *in : Les Œuvres de la Sainte Mère Térèse de Jésus*, t. I, Paris, 1667, p. 117.

parvenait pas, livrée à elle-même, à prendre la résolution et le chemin : « C'est alors que le Seigneur me donna la liberté et la force d'agir. [...] Béni soit Dieu pour toujours, lui qui, en un instant, m'a donné la liberté que je n'avais su acquérir malgré tous mes efforts pendant bien des années »[1]. C'est là le trait majeur que livre cette première description : l'esprit aura le sens de la liberté, et Celui qui vient librement donnera une liberté nouvelle. L'expérience spirituelle est, précisément en tant que spirituelle, libératrice. Le ravissement, qui lui-même n'est en rien libre, et qui ne fut jamais choisi, établit Thérèse dans la liberté. *La liberté formera par conséquent le cœur de la pneumatologie thérésienne.* Le *Livre de la vie* ne décrira rien d'autre que la naissance et l'approfondissement, en Thérèse, de la liberté spirituelle. Le livre des *Demeures* discernera les degrés de cette profondeur spirituelle qui s'ouvre dans l'âme libre.

Pour accéder au sens de cette liberté, et avec elle au sens de l'esprit qui se trouve au centre d'une telle venue, il convient d'étudier les différentes descriptions que Thérèse donna du ravissement. L'une des plus précises se trouve dans les *Sixièmes Demeures* du *Château intérieur*. Thérèse à nouveau y évoque le courage nécessaire pour « recevoir d'éminentes faveurs de Sa Majesté », « parce que notre nature est trop craintive et trop vile pour une si grande chose ». Un tel courage est par conséquent donné par Celui qui vient

1. *Y a aquí me dio el Señor libertad y fuerza para ponerlo por obra. [...] Sea Dios bendito por siempre, que en un punto me dio la libertad que yo, con todas cuantas diligencias havía hecho muchos años havía, no pude alcanzar conmigo, Vida*, cap. 24, p. 133 ; trad. fr. p. 158.

lui-même : la rencontre, en elle-même impossible, n'est rendue possible que par Lui, et le ravissement a justement d'abord pour sens le transport de l'âme jusqu'au lieu spirituel où la rencontre de la majesté de Dieu pourra être soutenue, l'ouverture, dans la vie, à la faveur de l'oraison, de cette dimension nouvelle. Comme la description du premier ravissement dans le *Livre de la vie* était celle d'une union nouvelle, les *Demeures* décriront à présent avec les différentes figures du ravissement l'union personnelle, les fiançailles de l'âme avec le Roi : « Vous allez donc voir ce que fait Sa Majesté pour conclure ces fiançailles, ce qui, d'après moi, doit se produire lorsqu'elle ravit l'âme en la privant de ses sens, car, si l'âme les gardait, il ne lui serait pas possible, en se voyant si près de cette grande majesté, de rester en vie »[1]. Le ravissement, ainsi, n'est pas seulement l'un des modes de la rencontre. Il est lui-même le mode unique qui ouvre la possibilité de la proximité avec le Seigneur dans sa majesté seigneuriale, et selon lequel une vie « trop craintive et trop vile pour une si grande chose » (*muy tímido y bajo para tan gran cosa*)[2] doit être élevée, et d'abord enlevée, jusqu'au lieu spirituel où elle pourra entrer en présence de la majesté de Dieu. *Le ravissement est ravissement vers la grandeur de Dieu.* En ce sens il ne saurait manquer

1. *Y ansí veréis lo que hace Su Majestad para concluir este desposorio, que entiendo yo deve ser cuando da arrobiamentos, que la saca de sus sentidos ; porque si estando en ellos se viese tan cerca de esta gran Majestad, no era posible – por ventura – quedar con vida*, *Moradas*, *Sextas moradas*, cap. 4, p. 536 ; trad. fr. p. 615.

2. *Ibid.*

d'éveiller la crainte devant l'incommensurabilité d'une telle présence et d'une telle alliance, et en ce sens aussi le courage de la rencontre doit être donné tout autant que la rencontre elle-même. Alors commence la description de ce lieu nouveau ou de « ces demeures », elles-mêmes diverses, car il y a « plusieurs sortes de ravissements », mais il faut que « les demeures soient traitées ici toutes ensemble »[1]. Toutes les demeures sont ici la demeure du ravissement et, au moment de les étudier, Thérèse précise qu'elle n'en écrit qu'après en avoir « traité » « avec nombre de personnes spirituelles » (*con tantas personas espirituales*)[2]. Il est ainsi tout à fait clair que les descriptions thérésiennes du ravissement spirituel sont conduites à l'intérieur de la tradition qui en avait discerné les figures[3]. Cette tradition remonte à saint Paul, et saint Jean de la Croix, lorsqu'il les étudiera lui-même, ne manquera pas d'établir le rapport entre les indications pauliniennes de la Deuxième épître aux Corinthiens (12, 2) et les « écrits admirables » qu'a « laissés sur ces choses de l'esprit » « la bienheureuse Thérèse de Jésus, notre Mère »[4].

1. *Moradas*, *Sextas moradas*, cap. 4, p. 536 ; trad. fr. p. 616.

2. *Ibid.*

3. On se reportera au livre déjà ancien de Gaston Etchegoyen, qui ne le vit jamais paraître : *L'Amour divin. Essai sur les sources de sainte Thérèse*, Bordeaux-Paris, Bibliothèque de l'École des Hautes Études Hispaniques, Fasc. IV, 1923, ainsi qu'au livre fondamental, déjà évoqué, de Marcel Lépée, *Sainte Thérèse d'Avila. Le réalisme chrétien*, Paris, Études Carmélitaines, Desclée de Brouwer, 1947.

4. Saint Jean de la Croix, *Cantique spirituel*, Chanson 12, Explication, trad. fr. J. Ancet et J. Canavaggio, « Bibliothèque de la Pléiade », Paris, Gallimard, 2012, p. 756-757. (La traduction française suit le texte de la version A du *Cantique*. Dans la version B, il s'agit de la Chanson 13 :

La première figure du ravissement que distinguent *Les Demeures du château intérieur* correspond à ce que fut le premier ravissement selon le *Livre de la vie*, « lorsque l'âme est frappée, même sans être en oraison, par quelque parole de Dieu qu'elle se rappelle ou qu'elle entend »[1]. Mais la description qui suit portera moins sur les paroles elles-mêmes que sur *ce que l'âme comprend* dans cette sorte de « révélations » qui lui sont adressées, en ces « secrets » qui lui sont montrés, qu'elle soit ou non capable de les « exprimer » ou de les « relater » plus tard. Thérèse distingue à cet égard entre les « choses du ciel et visions imaginaires » (*visiones imaginarias*), que l'âme ne pourra jamais oublier, et les « visions intellectuelles » (*visiones intelectuales*) dont parfois elle ne saura « rendre compte ». Puis, de façon plus fine encore, elle indiquera, dans l'âme, la profondeur spirituelle à laquelle ce qui lui fut un jour ainsi révélé devra demeurer, au fond, inoubliable : « Même si l'on ne sait pas décrire ces faveurs, elles restent si bien inscrites au plus profond de l'âme qu'elles ne s'oublient jamais »[2]. Sainte Thérèse se trouve devant la difficulté,

Cántico espiritual, *Vida y Obras de san Juan de la Cruz*, edición crítica de las obras del doctor místico, notas y apéndices por Lucinio Ruano, ocd, séptima edición, Madrid, Biblioteca de autores cristianos, 1973, p. 736). Jean Baruzi, dans l'étude qu'il consacra à la mystique paulinienne, avait lui-même déjà commenté le ravissement paulinien à partir de sainte Thérèse et de saint Jean de la Croix : « La mystique paulinienne et les données autobiographiques des épîtres », repris dans *Création religieuse et pensée contemplative*, Paris, Aubier, 1951, p. 44.

1. *Moradas*, *Sextas moradas*, cap. 4, p. 536 ; trad. fr. p. 616.

2. *Porque aunque no las saben decir, en lo muy interior del alma quedan bien escritas y jamás se olvidan*, *Moradas*, *Sextas moradas*, cap. 4, p. 537 ; trad. fr. p. 616.

qu'il faut dire phénoménologique, d'une description qui doit considérer à la fois le « suspens » des puissances (« ... alors que l'âme est ainsi en suspens ... »; « les puissances ne les comprennent pas [les faveurs] ») et la fermeté et netteté de ce que l'âme comprend, même lorsqu'il n'y a pas d'image (« elles n'ont pas d'image »). Ce que l'âme comprend alors et ne saurait oublier, précise Thérèse, c'est, à nouveau, la « grandeur » de Dieu, « une si ferme vérité de la grandeur de Dieu [*unas verdades en esta alma tan fijas de la grandeza de Dios*] que, même si elle n'avait pas la foi qui lui dise qui il est et qui l'oblige à le reconnaître pour son Dieu, dès ce moment-là elle l'adorerait pour tel »[1]. Cette indication est tout à fait décisive, car elle établit la profondeur spirituelle d'un ravissement où Dieu se donne selon la majesté qui, comme nous le vîmes, est le caractère absolument propre de sa venue et de sa présence. La grandeur qui apparaît là est l'attestation dans laquelle Dieu se donne à l'âme en tant que Dieu, dans une évidence qui ne peut être renversée et que l'âme va d'une façon ou d'une autre conserver en elle. La « grandeur » d'une telle présence est désormais inscrite en l'âme, et ainsi gardée en elle, si « incapable » soit-elle d'« en concevoir les grandeurs »[2]. Il faut retenir ce déplacement d'un pluriel détaillé impossible à distinguer dans la mémoire à la vérité du singulier, donnée dans l'évidence absolue : l'âme ne peut pas décrire « les grandeurs », mais gardera en elle « la vérité de la grandeur », comme Thérèse cherchera à le montrer

1. *Moradas*, *Sextas moradas*, cap. 4, p. 537; trad. fr. p. 617.
2. *Moradas*, *Sextas moradas*, cap. 4, p. 537; trad. fr. p. 618.

avec l'image du cabinet du roi ou du grand seigneur, où elle fut elle-même un jour éblouie, dans les appartements de la duchesse d'Albe, « de voir tant d'objets variés », sans pouvoir se rappeler aucun d'entre eux[1]. La *liberté spirituelle* qui s'ouvrait avec lui formait le premier trait essentiel que nous avions distingué concernant le ravissement. Voici le second, d'après la première forme qui en est étudiée par Thérèse : quelque chose est donné à *comprendre*, dans une évidence absolue, de la *grandeur* ou de la *majesté* de Dieu, et si l'âme ne comprend rien, « à mon avis ce ne sont pas de vrais ravissements »[2].

Mais ce premier ravissement donne par là accès à ce qui est une « demeure », qui sera décrite par Thérèse comme le lieu des fiançailles. Elle a déjà indiqué que ce lieu n'était pas absolument séparé du dernier, les septièmes demeures : « car celle-ci et la dernière pourraient très bien être unies, puisque de l'une à l'autre il n'y a point de porte fermée », quoique la dernière doive contenir des choses qui ne seront « manifestées » qu'en elle[3]. Au contraire, toutes les autres portes sont fermées,

1. « C'est ainsi qu'ayant repris conscience elle garde l'image des grandeurs qu'elle a vues; elle ne peut pourtant en décrire aucune, et sa nature ne lui permet pas d'aller au-delà de ce que Dieu a voulu surnaturellement lui montrer ». *Y ansí queda después que torna en sí, con aquel representársele las grandezas que vio ; mas no puede decir nenguna, ni llega su natural a más de lo que sobrenatural ha querido Dios que vea*, *Moradas*, *Sextas moradas*, cap. 4, p. 538; trad. fr. p. 618. Thérèse, de façon remarquable et tout à fait caractéristique de l'extrême scrupule descriptif qui la dirige, corrigera immédiatement en précisant qu'il ne s'agit pas d'un « voir » ni d'une « vision imaginaire » : « Ce n'est pas de cela que je parle ».

2. *Moradas*, *Sextas moradas*, cap. 4, p. 538; trad. fr. p. 619.

3. *Moradas*, *Sextas moradas*, cap. 4, p. 537; trad. fr. p. 616.

et Thérèse comprend ainsi le « suspens » (*suspensión*) des puissances et des sens : « Il fait fermer les portes de toutes ces demeures, ne laissant ouvertes que celle où il se tient, afin que nous y entrions »[1]. Les demeures du ravissement ne sont les demeures de l'âme qu'au sens où elle y est admise : elles sont d'abord les demeures où Lui se tient, « le ciel empyrée de ce cabinet, que nous devons avoir au sein de notre âme (car il est clair, puisque Dieu est en elle, qu'il se tient dans l'une de ces demeures) »[2]. Ce que Thérèse décrit comme *interior de nuestras almas* n'est le lieu le plus propre de l'âme qu'en tant qu'il est le lieu de Dieu et de l'union de l'âme avec lui, celui où « l'âme est devenue tellement une seule chose avec Dieu » (*estando el alma tan hecha una cosa con Dios*)[3], où « elle est tellement absorbée par la jouissance qu'elle a de Dieu qu'un si grand bonheur lui suffit » (*porque está tan embevida en gozarle que le basta tan gran bien*)[4]. Le ravissement est ainsi enlèvement de l'âme vers la demeure la plus retirée, le lieu le plus intérieur, qui est aussi le lieu le plus étrange, celui où elle est le moins chez elle-même, puisqu'elle entre ainsi dans les appartements de son Seigneur. C'est alors décidément que le « courage » est nécessaire, car l'âme voit s'ouvrir en elle-même cette demeure si étrange, et les portes en quelque sorte se fermer sur elle. L'union est enlèvement, et c'est une autre clôture qui se referme sur l'âme dont

1. *Moradas*, *Sextas moradas*, cap. 4, p. 538 ; trad. fr. p. 619.
2. *Moradas*, *Sextas moradas*, cap. 4, p. 538 ; trad. fr. p. 618.
3. *Ibid.*
4. *Ibid.*

toutes les puissances sont suspendues, comme si, écrit Thérèse, le corps « n'avait plus d'âme » : « L'Époux fait fermer les portes des demeures, et même celles du château et de son enceinte, et dès qu'il a décidé de ravir une âme, il lui coupe le souffle de telle sorte que, même si les autres sens demeurent un peu plus longtemps, il lui est absolument impossible de parler »[1]. *L'âme est enfermée avec Dieu.*

Mais c'est la seconde sorte de ravissement, décrite au chapitre v des *Sixièmes Demeures*, qui devra peut-être nous placer devant les descriptions thérésiennes les plus expressives de l'apparaître propre à l'esprit. Elles doivent elles-mêmes avant tout être rapportées à la source paulinienne, telle qu'elle jaillit surtout dans les deux épîtres aux Corinthiens, celles que Jean Baruzi considérait, dans sa tentative de décrire à la fois les « cimes de la vie et cimes de la doctrine » de Paul, comme « particulièrement déchirantes »[2]. Il faut s'y arrêter un instant, car elles sont constamment et très exactement présentes dans la confession de Thérèse. Comme sainte Thérèse le fera à sa suite, saint Paul lui-même, dans la Première épître aux Corinthiens, avait appliqué la plus grande rigueur dans la critique de dons spirituels qui ne seraient pas tournés « vers l'édification » ou devraient demeurer sans « intelligence »[3], autrement dit à l'endroit d'un πνεῦμά qui resterait vain pour le νοῦς :

1. *Moradas*, *Sextas moradas*, cap. 4, p. 539 ; trad. fr. p. 620.

2. J. Baruzi, *Création religieuse et pensée contemplative*, *op. cit.*, Ire Partie, chapitre 2, p. 37.

3. 1 Co 14.

« Car, si je prie en langue, mon esprit est en prière, mais mon intelligence n'en retire aucun fruit. Que faire donc ? Je prierai avec l'esprit, mais je prierai aussi avec l'intelligence. Je dirai un hymne avec l'esprit, mais je le dirai aussi avec l'intelligence »[1]. Thérèse elle aussi demandera, pour toutes les manifestations de l'« esprit », l'« intelligence » et la lumière de la compréhension, et selon cette mesure elle cherchera aussi constamment à faire comprendre ce que seule l'expérience, pourtant, pourra enseigner, et ainsi, à l'adresse, comme il est essentiel de s'en souvenir, de ses sœurs, à conduire celles qui déjà le vivent à le comprendre encore. Mais c'est surtout la Deuxième épître aux Corinthiens qui dans saint Paul livrait ce qui devait constituer la description absolument inaugurale du ravissement thérésien, lorsque Paul en venait à évoquer « les visions et révélations du Seigneur », ὀπτασίας καὶ ἀποκαλύψεις κυρίου[2], qui ne sont peut-être pas, comme le notait Baruzi, christophanie, mais du moins données « par la grâce » du Christ[3]. L'un des traits les plus frappants des indications pauliniennes était l'effacement de la première personne du singulier dans la description d'une révélation pourtant absolument personnelle, comme furent déjà personnellement adressés l'éblouissement et

1. ἐὰν [γὰρ] προσεύχωμαι γλώσσῃ, τὸ πνεῦμά μου προσεύχεται, ὁ δὲ νοῦς μου ἄκαρπός ἐστιν. τί οὖν ἐστιν ; προσεύξομαι τῷ πνεύματι, προσεύξομαι δὲ καὶ τῷ νοΐ· ψαλῶ τῷ πνεύματι, ψαλῶ δὲ καὶ τῷ νοΐ (1 Co 14, 14-15).

2. 2 Co 12, 1.

3. J. Baruzi, *Création religieuse et pensée contemplative*, *op. cit.*, p. 43, n. 42.

l'appel survenus sur le chemin de Damas[1]. La révélation n'était jamais par Paul détachée de la mission, du service pour lequel il avait été « mis à part » et dans lequel il était personnellement envoyé. Cependant la « révélation » de la Deuxième épître était décrite comme si elle était advenue à *une troisième personne*, et Thérèse elle-même s'inspirera souvent de la distanciation paulinienne : « Je connais un homme dans le Christ qui, voici quatorze ans – était-ce en son corps ? Je ne sais ; était-ce hors de son corps ? Je ne sais ; Dieu le sait –… cet homme-là fut ravi jusqu'au troisième ciel. Et cet homme-là – était-ce en son corps ? était-ce sans son corps ? je ne sais, Dieu le sait –, je sais qu'il fut ravi jusqu'au paradis et qu'il entendit des paroles ineffables, qu'il n'est pas permis à un homme de redire »[2]. La distance doit faire apparaître,

1. Tellement personnelle qu'elle repose, dans la pensée de Paul, sur une élection qui précéda la naissance : « Mais quand Celui qui dès le sein maternel m'a mis à part et appelé par sa grâce daigna révéler en moi son Fils [ἀποκαλύψαι τὸν υἱὸν αὐτοῦ ἐν ἐμοὶ] pour que je l'annonce parmi les païens … » (Ga 1, 15-16).

2. οἶδα ἄνθρωπον ἐν Χριστῷ πρὸ ἐτῶν δεκατεσσάρων, εἴτε ἐν σώματι οὐκ οἶδα, εἴτε ἐκτὸς τοῦ σώματος οὐκ οἶδα, ὁ θεὸς οἶδεν, ἁρπαγέντα τὸν τοιοῦτον ἕως τρίτου οὐρανοῦ. καὶ οἶδα τὸν τοιοῦτον ἄνθρωπον, εἴτε ἐν σώματι εἴτε χωρὶς τοῦ σώματος οὐκ οἶδα, ὁ θεὸς οἶδεν, ὅτι ἡρπάγη εἰς τὸν παράδεισον καὶ ἤκουσεν ἄρρητα ῥήματα ἃ οὐκ ἐξὸν ἀνθρώπῳ λαλῆσαι (2 Co 12, 2-4). Révélation « mystique », en ceci déjà qu'elle est rapportée dans la langue des Mystères (Jean Baruzi cite un texte des *Bacchantes* d'Euripide, v. 472), ce qui ne veut aucunement dire que le christianisme ait jamais eu pour Paul le sens d'une religion à Mystères, en laquelle il serait seulement « entré » : « Paul n'est pas, à vrai dire, « entré » dans le christianisme […]. Il a été comme « saisi » par le drame chrétien surpris à sa source. Et il s'y insère par la révélation qui lui en est donnée. Une telle rencontre est ce qui domine tout, non ce qui rappellerait une adhésion à des Mystères déjà constitués. Et ce serait figer l'élan paulinien que de

en lieu et place de ἐγώ, c'est-à-dire de l'homme selon la chair, et qui se glorifierait « selon la chair »[1], l'homme « dans le Christ » ou l'homme « dans le Seigneur », qui se glorifierait « selon le Seigneur »[2], celui que Paul appellera « cet homme-là »[3], auquel ἐγώ est, dans le ravissement, élevé. Ἐν Χριστῷ ou ἐν κυρίῳ indiquent la dimension nouvelle qui s'est ouverte et en laquelle se tient « cet homme-là » qui fut « ravi », enlevé et élevé, « avec » le corps ou « sans lui, « dans » le corps ou « hors » du corps : la révélation et le ravissement pauliniens, qui, tout à fait distincts des manifestations spirituelles dont il est question dans la Première épître aux Corinthiens, attestent la venue de l'esprit enlevant la vie à l'ordre de la chair, et en ce sens appartiennent eux aussi à la grande union spirituelle décrite par l'Épître aux Romains (« L'Esprit en personne se joint à notre esprit pour attester que nous sommes enfants de Dieu »[4]), concernent cependant non pas d'abord « l'âme », mais « l'homme » tout entier, et le corps, comme il en ira aussi dans le ravissement thérésien, particulièrement lorsqu'il s'agira de son élévation dans la lévitation[5], ne

le traduire par le fait d'« entrer » dans une religion, même si l'on était tenté d'y reconnaître quelque chose de comparable à l'appel d'un dieu de mystère à ses élus » (« La mystique paulinienne », *op. cit.*, p. 12-13..

1. 2 Co 1, 18 ; 11, 18.

2. 2 Co 10, 17 ; 11, 17.

3. 2 Co 12, 5.

4. αὐτὸ τὸ πνεῦμα συμμαρτυρεῖ τῷ πνεύματι ἡμῶν ὅτι ἐσμὲν τέκνα θεοῦ (Rm 8, 16).

5. *Vida*, cap. 20, p. 110 ; trad. fr. p. 123 : « Et, je l'avoue, j'en ai eu grand-peur et, au début, elle était immense : car on voit ainsi un corps se soulever de terre et, bien qu'il soit entraîné par l'esprit avec une grande

sera pas abandonné par l'esprit. Le verbe du ravissement qui dans saint Paul doit décrire l'expérience mystique, ou mystérieuse, de « cet homme-là » est du reste aussi le verbe eschatologique qui apparaît dans la Première épître aux Thessaloniciens pour annoncer l'enlèvement, au jour de la résurrection des morts, des « vivants », « nous qui serons encore là » : « Nous serons réunis à eux et ravis [ἁρπαγησόμεθα] sur des nuées pour rencontrer le Seigneur dans les airs »[1]. Et un tel ravissement sera encore celui de l'enfant de la femme de l'Apocalypse[2] : « et son enfant fut ravi [ἡρπασθη] près de Dieu et de son trône ». L'expérience mystique selon Paul fut ainsi déjà en son contenu expérience apocalyptique et eschatologique, et en tant que telle enlèvement pneumatique hors de l'ordre de la chair, de l'être « selon la chair ». C'est dans toute cette ampleur, celle du sens de l'être selon la chair et de son renversement, qu'il faudra alors entendre l'action de grâces de la Première épître aux Corinthiens : « C'est par la grâce de Dieu que je suis ce que je suis », et, quelques mots plus loin : « non pas moi, mais la grâce de Dieu qui est avec

douceur, si on ne résiste pas, on ne perd pas connaissance ; moi, du moins, je demeurais assez en moi pour pouvoir comprendre que j'étais emportée. Celui qui peut accomplir cela se montre dans une telle majesté, que les cheveux se dressent sur la tête et il nous reste une grande crainte d'offenser un si grand Dieu. Mais cette crainte s'enveloppe de l'immense amour que l'on éprouve à nouveau pour celui que nous voyons tant aimer ce ver de terre pourri, qu'il semble ne pas se contenter d'attirer vraiment l'âme à soi mais qu'il veut aussi le corps, bien que mortel et formé d'un limon souillé de tant d'offenses que l'on a commises ».

1. 1 Th 4, 17.

2. Ap 12, 5.

moi »[1]. *« Moi » et « Je suis » furent élevés par l'esprit à un nouveau sens d'être.*

Or les descriptions de sainte Thérèse, dans la singularité spirituelle, toujours et par essence absolument personnelle, de ce qui vient à elle, appartiennent, comme le notait déjà saint Jean de la Croix[2], à la tradition qui commence avec saint Paul. Mais, là où Paul demeurait volontairement réservé dans la divulgation du ravissement, de ce qu'il y avait vu ou entendu, Thérèse, à nouveau selon « la force de l'obéissance », cherchera à décrire, et dans ses descriptions à rester fidèle exactement à ce qui lui fut personnellement donné. Regardons : « Il est une autre sorte de ravissement [*otra manera de arrobamientos*], ou envol de l'esprit [*vuelo del espíritu*] comme je l'appelle, qui, bien qu'elle soit en substance identique, est ressentie fort différemment à l'intérieur ». Le chapitre v des *Demeures* répond aux descriptions qu'avaient déjà données les chapitres XVIII et XX du *Livre de la vie*. Toutes insistent une nouvelle fois sur la majesté de Celui qui est ici à l'œuvre, dans le ravissement de l'âme mais aussi du corps, en sorte que, tout autant qu'en la première sorte de ravissement, la « crainte » du Seigneur entoure cette figure nouvelle, qui requiert par conséquent aussi, comme la précédente, le plus grand courage : « Pensez-vous que c'est un mince trouble, quand on a tout son sens, de voir ainsi

1. χάριτι δὲ θεοῦ εἰμι ὅ εἰμι, et plus loin : οὐκ ἐγὼ δὲ ἀλλὰ ἡ χάρις τοῦ θεοῦ [ἡ] σὺν ἐμοί (1 Co 15, 10).

2. Dans le texte du *Cantique spirituel* que nous donnions plus haut : *Cantique spirituel*, Chanson 12, Explication, trad. fr. J. Ancet et J. Canavaggio, dans *Œuvres, op. cit.*, p. 756 ; Version B, Canción 13 : *Cántico espiritual*, *Vida y Obras*, *op. cit.*, p. 736.

son âme emportée (et même, pour certains, avons-nous lu, le corps avec), sans savoir où elle va, ni qui ou quoi la transporte, ni comment ? C'est qu'au début de ce mouvement spontané, on n'est pas si certain que ce soit Dieu »[1]. Qui est celui qui, venant, emporte ainsi l'âme et parfois le corps ? Ce fut là à chaque fois, pour toutes les formes du ravissement mais surtout pour la plus puissante et la plus violente d'entre elles, la plus grande inquiétude de Thérèse. La résistance à nouveau n'est presque pas possible, fût-elle inspirée par l'humilité, comme s'en expliquait le *Livre de la vie*[2], en sorte que ne restent selon les *Demeures* que « foi et confiance et soumission totale à Notre-Seigneur pour qu'il fasse de l'âme ce que bon lui semblera »[3]. C'est encore dans la double dimension de la crainte et, au fond, de l'amour qui inspire le courage de la confiance, que se déploie ce nouveau ravissement que Thérèse nomme « l'envol de l'esprit ». Comment celui-ci est-il exactement décrit ?

Lorsqu'il vient en question une première fois dans le *Livre de la vie*, c'est à l'occasion de la description de l'*unión*. Il n'est pourtant pas possible de comprendre vraiment ou de faire comprendre celle-ci, et cette difficulté concerne précisément le sens de l'esprit : « On l'explique en théologie mystique, mais je ne puis dire en quels termes ; je ne comprends pas ce qu'est l'intellect [*mente*], ni en quoi il diffère de l'âme [*alma*] ou de l'esprit [*espíritu*] ; tout me semble une même

1. *Moradas*, *Sextas moradas*, cap. 5, p. 541 ; trad. fr. p. 622.
2. *Vida*, cap. 20, p. 109 ; trad. fr. p. 122.
3. *Moradas*, *Sextas moradas*, cap. 5, p. 540 ; trad. fr. p. 622.

chose, bien que l'âme sorte quelquefois d'elle-même, tout comme un feu ardent qui devient une flamme, et ce feu vient à s'accroître parfois avec violence. Cette flamme s'élève [*arriba*] bien au-dessus du foyer, mais elle n'en diffère pas pour autant : c'est toujours la flamme du même feu »[1]. Thérèse ne voudra que décrire ces incandescences, ces jaillissements d'un unique foyer spirituel, quelles que soient les puissances que les doctes, auxquels elle s'en remet, doivent ici discerner et les noms qu'il convienne de donner à celles-ci, et il faut dire déjà phénoménologique la préoccupation directrice qui est la sienne de montrer seulement ce qui arrive alors dans l'âme : « Ce que je prétends expliquer, c'est ce que ressent l'âme dans cette divine union »[2]. L'union elle-même, le plus simplement entendue, est celle de « deux choses séparées qui n'en font plus qu'une »[3]. Mais le « vol de l'esprit » qui appartient à l'union doit cependant être phénoménologiquement distingué de celle-ci, en tant qu'« élévation » dans l'union : il est un mode de l'union, puisqu'il est « jonction avec l'amour céleste », mais union par enlèvement, soulèvement, élévation : *levantamiento u juntamiento con el amor celestial*, décrira Thérèse, précisant bien que l'élévation

1. *Vida*, cap. 18, p. 99 ; trad. fr. p. 107.

2. *Lo que yo pretendo declarar es qué sente el alma cuando está en esta divina unión*, *Ibid*. Le grand principe thérésien est énoncé plus loin de la façon suivante : « Je ne dirai rien dont je n'aie eu souvent l'expérience ». *No diré cosa que no la haya espirimentado mucho*, *Vida*, cap. 18, p. 101 ; trad. fr. p. 109.

3. *Lo que es unión ya se está entendido, que es dos cosas divisas hacerse una*, *Ibid*.

« dans cette même union » est différente de l'union[1]. Comment entendre cette différence spirituelle ? Thérèse y insistera : tout cela est une seule chose, mais « le Seigneur opère différemment »[2]. Puisque l'âme ici est pour sa part emportée sans pouvoir résister, la différence est nécessairement dans les opérations de Dieu, et le vol de l'esprit doit alors être décrit comme *l'intensification d'un grand détachement opéré par Dieu lui-même* : « dans le détachement croissant des créatures », il opère « beaucoup plus dans l'envol de l'esprit »[3]. Celui-ci se caractérise par conséquent par la puissance spirituelle qui y est à l'œuvre, que Thérèse comparera à nouveau au « grand feu » qui jaillit, ou, selon l'image directrice du *Livre de la vie*, à l'eau qui inonde le jardin, avant de décrire la « défaillance » (*siente ... casi desfallecer toda*) de l'âme, la suspension où font défaut les sens (*la falta de los sentidos*), « toutes les forces du corps » et toute parole, c'est-à-dire ce que les *Demeures* décriront comme la fermeture des portes du château, et « la délectation extérieure » « grande et très notoire » que l'âme sent alors[4]. L'âme, « parce qu'elle ne se sent pas » (*pues no se siente*), ne pourra dire combien de temps dure « la suspension de toutes les puissances » : peu de temps sans doute, précise Thérèse.

1. *que a mi entender es diferente la unión del levantamiento en esta misma unión*, *Vida*, cap. 18, p. 100 ; trad. fr. p. 108.

2. *obra el Señor de diferente manera*, *Vida*, cap. 18, p. 100 ; trad. fr. p. 108.

3. *y en el crecimiento des desasir de las criaturas, más mucho en el vuelo del espíritu*, *Ibid.*

4. *Vida*, cap. 18, p. 102 ; trad. fr. p. 110.

Il est tout à fait remarquable que la volonté apparaisse alors, du moins dans le texte du *Livre de la vie*, comme celle qui pourra suspendre, ou du moins maintenir en suspension les autres puissances (puissances que Thérèse rapportera toujours à une activité : imaginer, comprendre, parler, se souvenir). Mais elle ne le fera que par sa propre immobilité, autrement dit sa propre obéissance et soumission à ce qui vient en présence : « C'est la volonté qui maintient le tournoi, mais les deux autres redeviennent bientôt importunes. Comme la volonté reste immobile, elle les suspend à nouveau pour un peu de temps, puis elles reprennent vie »[1]. « Maintenir le tournoi », *c'est obéir à ce qui se donne, à ce qui vient en présence*. La description du *Livre de la vie* n'exceptait donc pas la volonté de la suspension, au contraire : elle lui reconnaissait le pouvoir de la maintenir en se maintenant en elle, en sorte que les deux autres puissances (Thérèse mentionnera d'abord l'imagination, et plus loin l'entendement) pouvaient bientôt se joindre à la volonté dans l'union : « Quelques heures d'oraison peuvent ainsi s'écouler et s'écoulent ; car, lorsque les deux puissances ont commencé à s'enivrer du vin céleste et à s'en régaler, elles se perdent aisément elles-mêmes pour gagner bien davantage ; elles accompagnent la volonté et jouissent toutes

1. *La voluntad es la que mantiene la tela, mas las otras dos potencias presto tornan a importunar. Como la voluntad está queda, tórnalas a suspender, y están otro poco y tornan a vivir*, *Vida*, cap. 18, p. 102 ; trad. fr. p. 111.

trois »[1]. *Rien dans l'âme ne demeure en dehors de l'union*, et c'est encore dans saint Paul, dans l'épître aux Galates, que Thérèse ira chercher la description la plus juste de la venue qu'elle voit s'accomplir dans le ravissement spirituel : « Le Seigneur me dit alors ces paroles : "Elle fond tout entière, ma fille, pour mieux s'introduire en moi. Ce n'est plus elle qui vit, mais moi. Comme elle ne peut comprendre ce qu'elle entend, c'est ne pas entendre tout en entendant" »[2]. La volonté est donc elle-même entièrement absorbée, et c'est en ce sens que Thérèse écrira plus loin qu'elle « doit être entièrement occupée à aimer [*bien ocupada en amar*], mais sans comprendre qu'elle aime »[3]. L'amour est en effet le nom propre de cette absorption unitive, qui est aussi absolument une avec elle-même, et en ce sens ne se comprend pas elle-même. L'un des traits que nous avions relevés plus haut avançait déjà, concernant la grandeur de Dieu qui se donnait là, cet étrange « ne pas comprendre » qui est cependant un « comprendre » plus profond et plus simple : à présent, un « entendre » est et n'est pas un « entendre ». La contradiction est l'unique

1. *...y acompañan a la voluntad, y se gozan todas tres*, *Vida*, cap. 18, p. 102 ; trad. fr. p. 111. Sur la volonté, on se reportera à M. Lépée, *Sainte Thérèse d'Avila. Le réalisme chrétien*, *op. cit.*, chapitre IV, p. 401 *sq.*, qui pense pouvoir établir une évolution de la pensée de Thérèse, avec le *Chemin de perfection* et jusqu'aux *Demeures*.

2. *Díjome el Señor estas palabras : "Deshácese toda, hija, para ponerse más en Mí ; ya no es ella la que vive, sino Yo. Como no puede comprehender lo que entiende, es no entender entendiendo"*, *Vida*, cap. 18, p. 102 ; trad. fr. p. 111. Ga 2, 20 : « Et ce n'est plus moi qui vis, mais le Christ qui vit en moi » (ζῶ δὲ οὐκέτι ἐγώ, ζῇ δὲ ἐν ἐμοὶ Χριστός).

3. *Vida*, cap. 18, p. 102 ; trad. fr. p. 112.

figure capable de dire ce qu'il n'est pas possible de comprendre, et « d'autant moins » possible de dire, mais qui se donne bien dans l'évidence d'une autre sorte de comprendre. Ce qui se donne en effet à présent avec une évidence absolue, c'est la proximité dans laquelle l'âme se trouve avec Dieu, et ainsi l'union elle-même : « Je puis seulement dire que l'âme se voit tout près de Dieu et qu'elle en retire une telle certitude, qu'en aucun cas elle ne peut cesser de croire »[1]. *L'évidence est celle de l'union elle-même*, qui se donne avec une certitude absolue, tout en demeurant incompréhensible. Thérèse cherchera à décrire au plus près cette étrange contradiction où se trouve l'entendement, entendant mais ne pouvant comprendre ce qu'il entend. Car le plus juste sera peut-être de dire ceci, que l'âme comprend ou « entend », si « entendre » est le verbe de l'entendement, mais ne « comprend » pas ce qu'elle entend, autrement dit *comprend que Dieu est là en sa grandeur*, « si présent », *tan presente*, ou qu'il est « là d'une présence en personne », insistera-t-elle plus loin[2], mais *ne se comprend pas elle-même* : « L'entendement, s'il entend, on n'entend pas ce qu'il entend ; du moins ne peut-il rien comprendre de ce qu'il entend. Quant à moi, je ne crois pas qu'il entende ; car, je le répète, il ne s'entend

1. *Sólo podré decir que se representa estar junto con Dios, y queda una certidumbre que en ninguna manera se puede dejar de creer*, *Vida*, cap. 18, p. 102 ; trad. fr. p. 111.

2. *...por parecerme casi claro havía entendido estar allí su mesma presencia.* « Car il me semblait avoir presque clairement compris qu'il était présent en personne. » *Vida*, cap. 18, p. 103 ; trad. fr. p. 112.

pas lui-même. Je ne puis entendre cela ! »[1]. Thérèse paraît établir dans ces pages une différence assez nette entre « entendre » et « comprendre », où comprendre paraît bien vouloir dire : « s'entendre soi-même »[2]. Si donc « entendre » se déploie encore en tant qu'activité propre de la puissance de l'*entendimiento*, celui-ci ne s'entend pas lui-même, c'est-à-dire ne se comprend pas lui-même, comme on ne pourra l'entendre. Mais Thérèse se demande alors si même il entend, puisqu'il ne s'entend pas lui-même : peut-on concevoir un entendre qui ne s'entende pas lui-même ? Mais cela doit établir du moins le caractère absolument singulier de l'expérience, car il est clair en tout cas que tout autre que celui qui fut un jour ainsi ravi ne pourra tout à fait comprendre ce que celui-ci a compris alors avec une pleine évidence et qu'il ne pourra, par conséquent, faire parfaitement comprendre.

Cette description déjà extraordinairement fine, qui sera poursuivie au chapitre XX du *Livre de la vie*, sera approfondie dans les *Sixièmes Demeures*. Avec précision, le vol de l'esprit y sera décrit en son mouvement si étrange. Ce qui frappera Thérèse sera alors la *soudaineté* et la *vitesse* d'un tel mouvement spirituel : « Il arrive en effet, certaines fois, que l'on sente tout à coup un mouvement de l'âme si accéléré

1. *El entendimiento, si entiende, no se entiende cómo entiende ; al menos no puede comprehender nada de lo que entiende. A mí me parece que entiende, porque – como digo – no se entiende. Yo no acabo de entender esto, Ibid.*

2. Pour autant, nous gardons la plupart du temps « comprendre » pour la traduction d'*entender* lorsqu'il apparaît seul.

qu'on dirait que l'esprit est emporté à une vitesse qui, surtout dans les débuts, fait réellement peur »[1]. C'est bien un mouvement de l'esprit que représentera Thérèse, un transport, comme fut déjà le ravissement de Paul, dont il faut noter la puissance, qui enlève l'âme avec la violence d'« une vague si puissante et impétueuse qu'elle projette en l'air la petite nacelle de notre âme »[2]. Plus loin Thérèse usera d'une image alors récente pour indiquer l'étrangeté tout à fait nouvelle et déconcertante d'un tel mouvement : « Ce qui est sûr, c'est qu'avec la vitesse à laquelle part la balle d'une arquebuse quand on fait feu [*la pelota de un arcabuz, cuando le ponen el fuego*], il se produit à l'intérieur un envol [*se levanta en lo interior un vuelo*] (car je ne sais pas quel autre nom lui donner) qui, bien que sans bruit, fait un mouvement d'une telle pureté [*movimiento tan claro*] qu'en aucune façon ce ne peut être une illusion »[3]. Le mouvement de l'esprit est soudain, rapide, puissant, silencieux, d'une parfaite clarté. Alors survient la question paulinienne : ce mouvement a-t-il lieu « sans le corps », « hors du corps » ? Thérèse retrouvera exactement l'hésitation de Paul quant à ce qu'il advient du corps dans le ravissement de l'âme, « dans son corps » ou « sans son corps » : « L'esprit semble vraiment sortir du corps, mais il est clair par ailleurs que cette personne n'est pas morte, bien que l'on ne puisse pas dire, durant quelques instants, si son âme est dans son corps ou

1. *Moradas*, *Sextas moradas*, cap. 5, p. 540 ; trad. fr. p. 622.
2. *Moradas*, *Sextas moradas*, cap. 5, p. 541 ; trad. fr. p. 623.
3. *Moradas*, *Sextas moradas*, cap. 5, p. 543 ; trad. fr. p. 625-626.

non »[1]. Thérèse y reviendra plus loin avec quelque insistance : « Si tout cela se produit quand l'âme est dans le corps ou non, pour ma part, je ne saurais le dire ; du moins, je ne jurerais pas qu'elle est dans le corps, mais je ne jurerais pas non plus que le corps est resté sans âme »[2]. L'enlèvement spirituel pourra élever aussi le corps, mais il est possible que l'âme soit par lui « détachée » du corps, ou, comme va l'écrire Thérèse, « sans quitter sa place, s'élève au-dessus d'elle-même par quelque point de sa partie supérieure », attirée par la chaleur rayonnante du Soleil de Justice, « l'âme et l'esprit étant une même chose »[3]. Et cet enlèvement est aussi, comme dans Paul, ravissement « dans une autre région, fort différente de celle où nous vivons », et où la lumière aussi est « si différente » : cette *región* lui est découverte, alors qu'elle est inimaginable selon les propres forces de l'âme, dans ce que Thérèse appelle alors une « vision imaginaire », où « tant de choses tout à la fois » lui sont montrées « en un instant ». Une telle « vision imaginaire » est celle qui est vue « avec les yeux de l'âme ». Mais pourra aussi s'ouvrir une « vision intellectuelle », *visión intelectual* où l'on ne voit rien, ni avec les yeux du corps, ni avec ceux de l'âme : Thérèse

1. *verdaderamente parece sale del cuerpo, y por otra parte claro está que no queda esta persona muerta ; al menos ella no puede decir si está en el cuerpo u si no, por algunos instantes*, *Moradas*, *Sextas moradas*, cap. 5, p. 542 ; trad. fr. p. 624-625.

2. *Moradas*, *Sextas moradas*, cap. 5, p. 542 ; trad. fr. p. 625.

3. *...el alma y el espíritu, que son una mesma cosa...* Les *Septièmes demeures* reviendront sur le Soleil de Justice, qui donne à l'âme son être, qui « n'est pas quelque chose d'obscur », *Moradas*, *Sextas moradas*, cap. 1, p. 567-568 ; trad. fr. p. 664.

distingue ainsi nettement trois modes du « voir », dont le troisième, intellectuel, n'est plus celui d'un œil, ni de l'âme ni du corps, et ainsi est *un voir qui n'est pas un voir*, comme elle le décrira parfois, mais paraît devoir encore être caractérisé comme un « se représenter », ainsi la représentation d'« une multitude d'anges avec leur Seigneur »[1], même s'il faut à nouveau insister sur ceci, qu'*à chaque fois l'âme ne voit que ce qui lui est montré* : or « on lui montre de grandes choses »[2], en sorte que l'âme, dans l'envol de l'esprit, a « vu » avant tout, à nouveau, la grandeur de Dieu, dont elle a désormais « connaissance » : *conocimiento de la grandeza de Dios*[3]. Par là elle se connaît aussi elle-même, et se trouve par la vision, et la connaissance que celle-ci laisse après elle, reconduite à l'humilité, dont nous vîmes qu'elle portait tout le rapport thérésien à la vérité[4].

« L'envol de l'esprit » laissera l'âme dans l'ambivalence d'un « tourment énorme, exquis cependant » (*harto tormento, aunque sabroso*), et dans ce que Thérèse décrira comme « un immense désir de mourir » : car il est dans son essence détachement, mais détachement accompli par Dieu. L'âme, elle, ne peut rien, sinon se laisser envahir par « cette peine sans laquelle il ne se produit rien ». Elle est « si attendrie d'amour », précise

1. *...se le representan otras...*, *Ibid.*

2. *...se le muestran grandes cosas...*, *Moradas*, *Sextas moradas*, cap. 5, p. 543 ; trad. fr. p. 626.

3. *Ibid.*

4. *que es porque Dios es suma Verdad, y la humildad es andar en verdad.* « C'est parce que Dieu est la suprême Vérité, et que l'humilité n'est autre chose que marcher dans la vérité. », *Moradas*, *Sextas moradas*, cap. 11, p. 562 ; trad. fr. p. 656.

Thérèse, que « dans cette demeure, les ravissements sont très fréquents, sans que l'on puisse les éviter, y compris en public »[1]. Paul avait évoqué une expérience qui n'était advenue qu'une fois, « voici quatorze ans »[2]. Le ravissement de Thérèse, sur ce chemin « si dangereux »[3], peut survenir à chaque instant. À chaque instant elle pourra être enlevée, élevée vers la grandeur de Dieu, et unie à elle. Cette union, pourtant, et cette liberté qu'elle donne à Thérèse, ne seront pas les plus hautes. Les *Septièmes Demeures* distingueront une demeure encore plus profonde, où adviendra le mariage spirituel, et où l'âme commencera à « voir » en un sens lui aussi plus profond, à voir ce qu'elle n'avait jamais vu : « Ici, il en est autrement : notre bon Dieu veut désormais lui ôter les écailles qu'elle a sur les yeux et lui faire comprendre un peu de la faveur qu'il lui fait, bien que ce soit d'étrange façon »[4]. À nouveau sainte Thérèse se souvient de saint Paul, recouvrant la vue après l'éblouissement du chemin de Damas, lorsqu'il fut empli de l'Esprit[5]. Ce que l'âme, pour la première fois, verra, de ce « voir » nouveau que caractérisera pourtant la même évidence

1. *Moradas*, *Sextas moradas*, cap. 6, p. 543-544 ; trad. fr. p. 627.
2. 2 Co 12, 2.
3. *Moradas*, *Sextas moradas*, cap. 6, p. 544 ; trad. fr. p. 628.
4. *Moradas*, *Sextas moradas*, cap. 1, p. 568 ; trad. fr. p. 665-666.
5. Ac 9, 17-18 : « Alors Ananie partit, entra dans la maison, imposa les mains à Saul et lui dit : "Saoul, mon frère, celui qui m'envoie, c'est le Seigneur, ce Jésus qui t'est apparu sur le chemin par où tu venais ; et c'est afin que tu recouvres la vue et sois rempli de l'Esprit Saint". Aussitôt il lui tomba des yeux comme des écailles, et il recouvra la vue ».

absolue, sera, alors, l'unité trinitaire de Dieu[1]. Sainte Thérèse sera parvenue au faîte de l'oraison. Mais est-ce elle-même, et Paul était-il « cet homme-là » ? Thérèse ne pouvait être cette femme, et Paul ne pouvait être cet homme, que dans la vérité de l'humilité, « par la force de l'obéissance », qui « peut tout » : « Et, à la vérité, je me suis retrouvée en pleine confusion, à me demander s'il ne vaudrait pas mieux conclure sur cette demeure en peu de mots ; il me semble, en effet, que l'on va penser que c'est par l'expérience que j'ai ce savoir, et cela me remplit de honte, parce que c'est une chose terrible d'avoir conscience de ce que je suis ». *Porque, conociéndome la que soy, es terrible cosa*[2].

1. « Une fois dans cette demeure, par vision intellectuelle et par une certaine façon de représenter la vérité [*por visión intelectual por cierta manera de representación de la verdad*], lui apparaît la Très Sainte Trinité [*se le muestra la Santisima Trinidad*], toutes les trois Personnes, dans un flamboiement [*inflamación*] qui vient sur son esprit à la manière d'une nuée d'une intense clarté, et, par une admirable nouvelle qu'elle reçoit [*por una noticia admirable que se da a el alma*], l'âme comprend avec une très grande vérité [*con grandísima verdad*] que ces trois Personnes distinctes sont une seule substance, un seul pouvoir, un seul savoir et un seul Dieu, de sorte que ce que nous croyons par la foi, l'âme le comprend alors, pourrait-on dire, par la vue [*por vista*], bien que ce ne soit pas une vue avec les yeux du corps, ni avec ceux de l'âme, parce que ce n'est pas une vision imaginaire », *Moradas*, *Séptimas moradas*, cap. 1, p. 568-569 ; trad. fr. p. 666.

2. *Moradas*, *Séptimas moradas*, cap. 1, p. 567 ; trad. fr. p. 664.

CHAPITRE III

THÉOLOGIE MYSTIQUE

Dans les années 1935-1937 où elle écrivait *Endliches und ewiges Sein*, Edith Stein avait décidé de placer, à la fin de son grand livre, l'étude des *Demeures du château intérieur*, « Die Seelenburg », de « notre sainte Mère Thérèse de Jésus ». Elle l'avait fait (et avait déjà fait appel à Thérèse dans le livre[1]) pour accomplir son

1. E. Stein, *Endliches und ewiges Sein*, VII, § 3, 3, *op. cit.*, p. 318. Elle avait alors distingué du *Ich* en tant que *punktartig* l'âme thérésienne comme « espace » ou plutôt multiples « demeures », *Wohnungen*, « en lesquelles le *Ich* peut se mouvoir librement », et dont la vie propre présuppose qu'elle reçoive une plénitude d'un autre qu'elle-même : « L'âme ne peut vivre sans recevoir », écrivait Stein; « elle se nourrit des contenus qu'elle accueille spirituellement dans l'expérience vécue [*erlebend*], comme le corps se nourrit des matériaux de construction qu'il façonne ». Or, poursuivait Stein, cette image du château « montre plus nettement que celle de l'espace qu'il ne s'agit pas simplement du remplissement d'un vide, mais que ce qui accueille est un étant qui a son essence propre (une οὐσία), accueille à *sa* façon propre et configure à soi ce qui est accueilli [*das Aufgenommene sich eingestaltet*]. C'est l'essence de l'âme avec les propriétés et aptitudes s'enracinant en elle qui s'ouvre dans l'expérience vécue et ainsi accueille ce dont elle a besoin pour devenir ce qu'elle doit être. Cette essence avec son caractère propre donne au corps comme à tout agir spirituel personnel son empreinte particulière et s'écoule de surcroît hors de lui sur un mode inconscient et non voulu » (p. 318).

œuvre phénoménologique propre concernant « l'édifice de l'âme humaine », accéder ainsi de façon plus précise à « la formation corporelle-psychique-spirituelle tout entière que nous nommons « homme » »[1]. La description de l'âme n'était pas possible sans considération de « sa vie la plus intérieure », et la description de celle-ci pouvait prendre appui sur « l'assise fondamentale dans l'expérience [*Erfahrungsgrundlage*] » formée par les « témoignages des grands mystiques » concernant « la vie de prière [*Gebetsleben*] » . Cette décision ne pouvait apparaître phénoménologiquement fondée que si, d'une part, la prière livrait en effet accès à la vie profonde de l'âme et si, de l'autre, les écrits de sainte Thérèse pouvaient être élevés à la dignité, qu'il faudrait dire phénoménologique, d'un « témoignage » ou d'une « attestation [*Zeugnis*] » dans lesquels une telle vie serait d'une façon ou d'une autre originairement *donnée*. La première affirmation, concernant l'accès phénoménologique ouvert par la prière, ne pouvait être elle-même assurée que par la description du cours de l'oraison, de ce qui apparaît en elle, selon le mode propre, extraordinaire par rapport à tout ce qui se donne selon l'apparaître du monde, et qui pour cette raison doit être dit (par Thérèse elle-même) « surnaturel », de son évidence. Tous les degrés de la vie mystique, selon sainte Thérèse, trouvent leur sol dans l'oraison, bien que l'expérience de l'union advienne parfois en dehors de celle-ci, qui par conséquent ne la limite pas,

1. E. Stein, *Endliches und ewiges Sein*, *Anhang*, *II. Die Seelenburg*, *op. cit.*, p. 501.

avec la soudaineté inanticipable et irrésistible, spirituelle en ce sens précis que nous étudiâmes plus haut d'une venue absolument libre de son heure et de son lieu, et que le sommet de l'expérience doive à la fin découvrir à Thérèse une nouvelle dimension, une nouvelle « paix » en laquelle il serait possible, désormais, de se tenir, selon une « tenue » elle-même absolument nouvelle. C'est ainsi, fidèlement, en tant qu'expériences de l'oraison, que Stein décrira ce qui apparaît à chaque fois dans les « demeures » thérésiennes : *Gebet der Ruhe*, oraison de quiétude, *Gebet der Vereinigung*, oraison d'union, allant jusqu'au « ravissement, *Verzückung*, et au « vol de l'esprit », *Geistesflug*, et l'expérience ou l'avènement qui caractérise la dernière d'entre elles, *die geistige Vermählung*, « mariage spirituel » qui, dépassant l'oraison, n'adviendra pas, lui non plus, sans un « voir » qui lui sera propre et dont le contenu sera, alors, nettement trinitaire[1]. Puis Stein en venait à son dessein propre, différent de celui de la sainte, auquel pourtant les descriptions de Thérèse pouvaient apporter leur secours : « examiner si, à l'édifice de l'âme, revient encore un sens même indépendamment de l'inhabitation de Dieu, et si peut-être il y a encore une autre « porte » que celle de la prière »[2]. La réponse, affirmative dans les deux cas, confirmait cependant, dans l'esprit de Stein, que les portes de la prière

1. Pour la description du mariage mystique et de la « septième demeure », on se reportera à E. Stein, *Endliches und ewiges Sein*, *op. cit.*, p. 516 *sq.*

2. *Ibid.*, p. 520.

avaient ouvert descriptivement les profondeurs de l'âme (Thérèse elle-même avait constamment insisté sur les multiples demeures : il y a, à chaque degré de profondeur psychique, plusieurs demeures), en commençant par donner accès à l'existence même, déconcertante, de ces différentes profondeurs. Or, non seulement l'entrée qui traverse les demeures est une approche, pas à pas, de Dieu et de l'union à Dieu, « mais elle signifie en même temps la conquête progressive d'une attitude par rapport au monde toujours plus pure et toujours plus proche de la Chose même [« toujours plus conforme au réel » : *einer immer reineren und sachgemäßeren Einstellung zur Welt*] »[1]. Il faut prendre garde à cette dernière indication : elle montre en Thérèse l'accomplissement phénoménologique qui doit rejoindre une *Einstellung* entièrement nouvelle et radicale, puisqu'elle émane ou flue du centre de l'âme, dont la possibilité lui fut ouverte par l'oraison. Les portes de la prière ouvrent le chemin de l'union avec Dieu, à travers le « détachement absolu » et le « ravissement » (*vollständige Loslösung, Entrückung : nicht Ziel, sondern Weg*, « non un but, mais un chemin », relève Stein[2]), mais aussi, par là même, phénoménologiquement, elles livrent *l'accès à la Chose même, l'accès à la Réalité, l'accès au monde.* Ces descriptions de l'oraison et de la région absolue à quoi elle livrait pour la première fois accès

1. E. Stein, *Endliches und ewiges Sein*, *op. cit.*, p. 520. C'est par conséquent dans un sens tout à fait rigoureux qu'il faut entendre, à la suite de M. Lépée, le « réalisme » thérésien : *Le réalisme chrétien*, *op. cit.*

2. E. Stein, *Endliches und ewiges Sein*, *op. cit.*, p. 520.

ont alors déjà justifié la seconde affirmation, concernant le témoignage phénoménologique de Thérèse : sainte Thérèse d'Avila n'aura rien fait d'autre que *décrire* ce qu'elle voyait et ce qu'elle vivait, sur des modes de plus en plus étrangers à l'expérience ordinaire, de plus en plus inquiétants et même parfois effrayants, en sorte qu'il faudra distinguer *Les Demeures du château intérieur*, écrit Stein, « par la richesse de l'expérience intérieure dont disposait la sainte qui en fut l'auteur, dans la mesure où elle avait atteint le plus haut degré de la vie de grâce mystique », comme « par son aptitude inaccoutumée à rendre compte pour elle-même de façon intelligible des processus de son intériorité, à porter à l'expression ce qui est presque indicible, d'une façon claire et intuitionnable et pourvu du sceau du vrai le plus limpide ; par la force de concevoir les faits isolés dans leur cohérence intérieure et de donner à la présentation de cette cohérence la figure d'une œuvre d'art achevée »[1]. Sainte Thérèse d'Avila pouvait alors, à la suite de l'étude et de la réfutation de *Sein und Zeit*, refermer la grande œuvre qu'Edith Stein avait consacrée de son côté, au Carmel de Cologne, à une analytique de la finitude mesurée à une plénitude dont l'être fini trouvait en lui-même, en sa pauvreté même et sa richesse, l'attestation. *Endliches und ewiges Sein* pouvait donc prendre fin sur les diverses *Seinsrichtungen* que l'âme trouvait en elle : forme du corps, elle accomplissait l'expérience de l'obscurcissement (*Verdunkelung*) et du fardeau qui pesait sur elle (*Belastung*). Mais elle

1. *Ibid.*, p. 501.

irradiait aussi spirituellement et personnellement, « en vie librement consciente », expérience de lumière, en laquelle cependant l'âme restait, comme les descriptions de Stein y avaient insisté, « source cachée » (*verborgener Quell*) : source qu'il faut dire spirituelle, *ein Geistiges* – et voici les derniers mots du livre d'Edith Stein, recueillis par la phénoménologue, comme il apparaît nettement, auprès de la grande expérience thérésienne de la « réalité » : « Et plus profondément l'âme descend en elle et s'affermit en son centre, plus librement elle peut s'élever et se détacher de son arrimage à la matière : jusqu'à la coupure du lien entre l'âme et le corps terrestre – comme elle se présente dans la mort, mais déjà d'une certaine façon dans l'extase – et à la transformation de l'"âme vivante" en un "esprit qui dispense la vie" »[1]. Comme dans la mort, et déjà dans l'extase : la sainte avait déjà accompli l'expérience de cette proximité de l'extase et de la mort dans « l'âme surnaturalisée ».

Ces descriptions thérésiennes, quelle que fût leur nouveauté radicale, appartenaient cependant à une tradition précise. Thérèse elle-même, à plusieurs reprises, l'évoque. Ainsi lorsqu'elle fait le récit des premières faveurs « que Dieu lui a faites dans l'oraison », au chapitre x du *Livre de la vie*, où elle décrit une première figure de l'union, ou plutôt ce qui n'est que son commencement, et qui donnera lieu d'abord à l'oraison de quiétude, le « sentiment de la présence de Dieu ». Mais il faut, avant d'en venir à cette tradition,

1. E. Stein, *Endliches und ewiges Sein*, *op. cit.*, p. 525.

relever précisément la situation descriptive de cette première expérience. Le chapitre IX avait indiqué les deux occasions décisives que furent un jour pour Thérèse de Jésus la vue de la statue du Christ couvert de plaies dans l'oratoire (« je crus que mon cœur se brisait »[1]), que suivit régulièrement l'exercice de « représentation » auquel elle commença alors à se livrer dans l'oraison : « Comme je ne pouvais discourir avec l'entendement [*discurrir con el entendimiento*], j'essayais de me représenter le Christ en moi [*procurava representar a Cristo dentro de mí*] et je me trouvais mieux, ce me semble, là où je le voyais le plus seul » ; puis la lecture des *Confessions* de saint Augustin, particulièrement du livre VIII et de son récit de la conversion : « Quand j'en arrivais à sa conversion et que je lus comment il avait entendu une voix dans le jardin, je crus que le Seigneur me la faisait entendre à moi aussi, selon ce que sentit mon cœur ; je restai longtemps tout inondée de larmes, tout affligée et abattue »[2]. Quelque chose de nouveau alors commençait pour Thérèse : « Sa Majesté commença alors à me choyer »[3]. C'est dans cette nouvelle configuration, qu'il faut dire d'abord *représentative*, que l'expérience nouvelle commence, qui, elle, ne le sera pas toujours. Le chapitre X du *Livre de la vie* en décrit ainsi la teneur étrange et même inquiétante, qui dépasse déjà les conditions de la représentation dans lesquelles pourtant elle apparaît initialement : « Dans

1. *el corazón me parece se me partía*, *Vida*, cap. 9, p. 63 ; trad. fr. p. 52.

2. *Vida*, cap. 9, p. 65 ; trad. fr. p. 55.

3. *Su Majestad me commenzava a tornar a regalar*, *Ibid*.

la représentation [*representación*] dont j'ai parlé et où je me figurais me mettre auprès du Christ, et parfois aussi lorsque je lisais, me venait si soudainement le sentiment de la présence de Dieu, que je ne pouvais douter aucunement qu'il fût en moi, ou moi, que je ne fusse tout abîmée en Lui »[1]. À chaque fois désormais il s'agira d'une *venue*, dont le trait de soudaineté indique l'impossibilité de l'anticiper en rien comme de s'y préparer, et dans laquelle la présence se donne dans une évidence absolue et indubitable. Mais ces conditions créatrices de la donation, que Thérèse décrira toujours à nouveau, découvrent une teneur elle-même absolument nouvelle de l'expérience : selon un renversement que le Livre X des *Confessions* de saint Augustin avait déjà décrit, et autour duquel *Les Demeures du château intérieur* construiront leur dramatique propre, *Lui est en moi* et *je suis en Lui* : entrant en moi, à la fin j'entre chez Lui, en Lui, jusqu'à l'immersion. En sorte que la description phénoménologique de la présence qui se donne alors doit faire droit à ce rythme de l'être-intérieur se renversant en présence enveloppante et embrassante et immergeante (*toda engolfada en El*). Or tel était déjà l'accomplissement du chemin du Livre X des *Confessions*, cherchant Dieu en moi, dans l'ascension intérieure, de dépassement en dépassement (X, 7 : « Par mon âme elle-même, je monterai jusqu'à lui », *Per ipsam animam meam ascendam at illum*), pour le

1. *venirme a deshora un sentimiento de la presencia de Dios que en ninguna manera podiar dudar que estava dentro de mí u yo toda engolfada en El*, *Vida*, cap. 10, p. 66 ; trad. fr. p. 56-57.

trouver à la fin dans les profondeurs de la *memoria*, mais comme celui qui y est entré lorsque « je t'ai trouvé pour te connaître », et ce fut « en toi au-dessus de moi » (*in te supra me*, X, 26), et comme celui qui était « dedans » alors que je me tenais « dehors » (*Et ecce intus eras et ego foris*), qui était « avec moi » alors que, moi, je n'étais pas avec lui (*Mecum eras, et tecum non eram*, X, 27). En sorte que, dans toute cette recherche, ce lieu ne devait peut-être plus être dit un lieu : « Et nulle part, aucun lieu ; nous nous éloignons, nous nous approchons ; et nulle part, aucun lieu » (*Et nusquam locus, et recedimus et accedimus, et nusquam locus*, X, 26). Ce *nusquam locus* est difficile : il indique à la fois que je ne L'ai trouvé nulle part, et que, lorsque je Le trouve, Il n'est plus en un lieu, Il n'est en aucun lieu, c'est-à-dire : *Il est partout*, *ubique* (« Vérité, tu sièges partout pour tous ceux qui te consultent », *Veritas, ubique praesides omnibus consulentibus te*, X, 26). Proche sera le renversement que décrira sainte Thérèse lors de l'entrée dans les septièmes demeures : dans l'âme, Il est chez Lui, et l'âme alors, à sa plus grande profondeur, est admise à entrer chez Lui : l'espace s'ouvre en elle, non comme celui où le Seigneur se tiendrait *en elle*, mais comme celui où *elle-même se tient chez Lui, avec Lui, en Lui*, dans la demeure qui n'est plus la demeure de l'âme, mais la Sienne : « Il la fait entrer dans sa demeure [*métela en su morada*] »[1]. *En elle-même l'âme entre dans la demeure de son Seigneur* : en ce sens l'âme où demeure « Sa

1. *Moradas*, *Séptimas moradas*, cap. 1, p. 567 ; trad. fr. p. 664.

Majesté » doit être appelée « un autre ciel », *otro cielo*. Renversement radical qui doit conduire à comprendre l'âme tout autrement que nous ne la pensons d'abord, une tout autre lumière apparaissant alors en elle : « Il est en effet très important pour nous, mes sœurs, de ne pas concevoir l'âme comme quelque chose d'obscur [*alguna cosa escura*], même si, étant donné qu'on ne la voit pas, on a couramment l'impression qu'il n'y a pas d'autre lumière intérieure que celle que nous voyons et qu'il y a dans notre âme une certaine obscurité [*alguna escuridad*] »[1]. Car la lumière qui est en elle, écrit Thérèse, est celle « du Soleil de Justice qui est en elle et lui donne son être »[2] : la lumière de Celui qui est la source de son être brille en elle, et ce qui apparaît dans l'oraison se tient ainsi et se découvre dans cette tout autre lumière qui est lumière de sa source : *comment une chose apparaît-elle, et que voit-elle, lorsqu'elle apparaît, et lorsqu'elle voit, dans la lumière de sa source ?* Sera alors atteinte, dans l'expérience thérésienne de la présence, l'extrême profondeur, dans une étrange et nouvelle « vue », où « apparaîtra », en un sens nouveau de l'apparaître lui-même, la Trinité : une vue, ainsi, qui n'est pas une vue au sens où jusqu'à présent nous vîmes, par les yeux du corps ou ceux de l'âme (rien n'apparut jamais dans une telle lumière, et nous ne vîmes jamais rien d'une telle « vue »[3]). Autre lumière, autre voir,

1. *Moradas*, *Séptimas moradas*, cap. 1, p. 567-568 ; trad. fr. p. 664.

2. *del Sol de Justicia, que está en ella dándole ser*, *Ibid*.

3. *por vista, aunque no es vista con los ojos del cuerpo ni del alma, porque no es visión imaginaria*, *Moradas*, *Séptimas moradas*, cap. 1, p. 569 ; trad. fr. p. 666.

autre apparaître, qui s'accomplira dans l'union la plus haute des septièmes demeures, le mariage spirituel ou le « divin mariage » (*divino matrimonio*)[1].

Mais la notation du « sentiment de présence », au chapitre x, qui recueille déjà les premières difficultés descriptives éveillées par l'apparaître déconcertant qui se donne alors, dans une première figure de la présence infigurable, invisible, n'est que le commencement d'un tel chemin. Et c'est précisément en rapport à ces difficultés descriptives que Thérèse donnera à cet endroit le nom de la seule tradition qui lui paraît capable de venir contribuer à éclaircir l'étrangeté de la nouvelle expérience : « Ce n'était pas une sorte de vision; c'est ce qu'on appelle, je crois, "théologie mystique" »[2]. Et sainte Thérèse livre immédiatement une description plus précise, à partir, comme elle le fera constamment pour tous les degrés de l'oraison, des « puissances » et de leur suspens, qui est ici le suspens de l'âme tout entière. Suspens qu'il faut dire extatique, et qu'il convient d'abord d'étudier : « L'âme est suspendue [*Suspende el alma*] si bien qu'elle semble entièrement hors d'elle-même [*toda parecía estar fuera de sí*] : la volonté aime, la mémoire me semble presque totalement perdue, l'entendement ne discourt pas [*el entendimiento no discurre*], à ce qu'il me semble, mais il ne se perd pas [*mas no se pierde*]; comme je viens de le dire, il n'agit pas [*no obra*] : il est comme stupéfait de tout ce qu'il

1. *Séptimas moradas*, cap. 1, p. 568; trad. fr. p. 665.

2. *Esto no era manera de visión ; creo lo llaman "mistica teoloxía"*, *Vida*, cap. 10, p. 66; trad. fr. p. 57.

entend [*entiende*], parce que Dieu veut qu'il entende [*entienda*] qu'il n'entend rien [*ninguna cosa entiende*] à ce que Sa Majesté lui représente [*representera*] »[1]. Le suspens extatique n'est pas simple abolition ou extinction des puissances : la volonté, même dans ce que seront plus loin les formes parmi les plus hautes de l'union, comme le ravissement ou le vol de l'esprit, demeure et « maintient le tournoi », c'est elle, même, qui dans son immobilité suspend les autres puissances[2]. Si la mémoire (que Thérèse lie à l'imagination pour le trouble qu'elle apporte[3]) comme le rapport au temps sont presque supprimés (Thérèse hésitera ainsi sur la durée de ces états[4]), l'entendement, comme elle cherchera à le décrire toujours plus précisément, n'est pas, lui non plus, aboli, mais paraît entrer dans une nouvelle et déconcertante expérience de lui-même, où il entend qu'il n'entend rien, où, écrivait parfois Thérèse, il entend mais ne « comprend » pas, ou entend mais ne s'entend pas lui-même – et dans cette mesure, convenait-elle, peut-être n'« entend »-il pas vraiment. Le chapitre XVIII du *Livre de la vie* y reviendra de façon beaucoup plus précise, pour décrire une expérience cependant beaucoup plus haute, celle du « quatrième degré d'oraison » que distingue le *Livre de la vie*, oraison d'union, où il y a jouissance mais où l'entendement n'« entend » pas ce dont l'âme jouit ni

1. *Vida*, cap. 10, p. 66 ; trad. fr. p. 57.
2. *Vida*, cap. 18, p. 102 ; trad. fr. p. 111.
3. Ainsi *Vida*, cap. 17, p. 98 ; trad. fr. p. 104.
4. « À la vérité, il est difficile à l'âme d'en apprécier la durée, puisqu'elle est privée de sentiment [*Verdad es que se puede mal sentir lo que se está, pues no se siente*] », *Ibid.*

n'est capable de le faire connaître[1]. Or c'est justement en ce lieu du *Livre de la vie* qu'*une seconde fois Thérèse, placée devant la même difficulté descriptive concernant ce qu'il advient des puissances dans l'union, fera appel à la même tradition* : « Comment s'opère ce qu'on appelle union, et en quoi consiste-t-elle [*El cómo es ésta que llaman unión y lo que es*], je ne saurais le faire entendre [*entender*]. On l'explique en théologie mystique [*En la mística teulogía se declara*], mais je ne puis dire en quels termes; je n'entends pas [*sé entender*] ce qu'est l'intellect [*mente*], ni en quoi il diffère de l'âme [*alma*] ou de l'esprit [*espíritu*] ; tout me semble une même chose »[2]. Cependant, que Thérèse convienne qu'elle ne connaît pas ou ne comprend pas les distinctions de l'École, et s'en remette constamment aux doctes et aux pères, n'enlève rien à la rigueur de ses descriptions, à l'exactitude et à la finesse de ses distinctions : au contraire, elle se sent tenue, dans le rapport qu'elle leur en fait, à une fidélité d'autant plus rigoureuse, qui veut aussi la clarté pour le discernement de ses sœurs. Quant à ce que l'âme « sent » dans l'union [*que siente el alma cuando está en esta divina unión*], en effet, et dans l'« élévation » ou le « ravissement » qui ne se laisse pas absolument confondre avec elle[3], les notations seront d'une grande précision, qui rappelleront d'abord le suspens ou la désactivation des puissances : « Ici, toutes les puissances sont absentes et si bien suspendues, que d'aucune manière

1. *Vida*, cap. 18, p. 99; trad. fr. p. 106.
2. *Ibid.*
3. *Vida*, cap. 18, p. 100; trad. fr. p. 108.

ne s'entend qu'elles agissent »[1]. Comme elle l'avait fait au chapitre X, Thérèse note à nouveau l'effacement de la mémoire, la constance de la volonté dans l'amour (« La volonté doit être entièrement occupée à aimer, mais elle n'entend pas comment elle aime »[2]), et surtout l'étrange suspension de l'entendement, qui entend sans s'entendre lui-même, ou entend sans « comprendre », comme Thérèse paraît en établir la distinction, exactement selon la même description que celle du chapitre X. Regardons à nouveau : « L'entendement, s'il entend, on n'entend pas ce qu'il entend ; du moins ne peut-il rien comprendre de ce qu'il entend. Quant à moi, je ne crois pas qu'il entende ; car, je le répète, il ne s'entend pas lui-même. Je ne puis entendre cela ! »[3] Il faudra donc convenir que l'âme entend sans entendre, ne pouvant comprendre ce qu'elle entend. Mais dans quelle mesure ce trait que nous aperçûmes pourrait-il être rapporté à la théologie mystique, comme il apparaît par deux fois ? Ce qui précède dans le chapitre XVIII le révèle : car cette nouvelle expérience intellective *est immédiatement et étroitement rapportée à l'union*. Thérèse qui se demande comment « écrire » ce dont elle vient d'accomplir l'expérience dans

1. *Aquí faltan todas las potencias y se suspenden de manera que en ninguna manera ... se entiende que obran*, *Vida*, cap. 18, p. 102 ; trad. fr. p. 111.

2. *La voluntad deva estar bien ocupada en amar, mas no entiende cómo ama*, *Vida*, cap. 18, p. 102 ; trad. fr. p. 112.

3. *El entendimiento, si entiende, no se entiende cómo entiende ; al menos no puede comprehender nada de lo que entiende. A mí me parece que entiende, porque – como digo – no se entiende. Yo no acabo de entender esto*, *Vida*, cap. 18, p. 102-103 ; trad. fr. p. 112. *Cf.* ci-dessus, chapitre II, « *Veni, Creator Spiritus* », p. 60 *sq*.

l'oraison (« car on ne peut l'entendre et encore moins le dire ! »[1]), et « ce que fait l'âme », entend alors le Seigneur lui donner une réponse, qui est paulinienne, concernant l'union, et cette réponse lui indique aussi ce qu'il en est de l'entendement en elle : « Elle fond tout entière, ma fille, pour mieux s'introduire en moi [*Deshácese toda, hija, para ponerse más en Mí*]. Ce n'est plus elle qui vit, mais moi. Comme elle ne peut comprendre ce qu'elle entend, c'est ne pas entendre en entendant [*Como no puede comprehender lo que entiende, es no entender entendiendo*] »[2]. « Ne pas entendre en entendant », telle est l'extraordinaire condition nouvelle de l'entendement dans l'union, lorsqu'elle s'est tellement unie à la Vie que c'est désormais la Vie qui vit en elle, lorsque « l'âme », écrit Thérèse, « se représente tout près de Dieu »[3]. Mais s'agit-il seulement d'une représentation et quel est le statut d'une telle représentation ? Il faut ici relever à nouveau la propriété phénoménologique constamment rappelée par Thérèse : *la représentation de l'union est indubitable, et ce qui se donne se donne toujours dans une évidence absolue* : « ... et qu'elle en retire une telle certitude, qu'en aucun cas elle ne peut cesser de croire »[4]. « Croire », autrement dit accorder sa confiance, qui est absolue, en ce qu'elle se représente, sa propre jonction avec Dieu, autrement dit en *ce qui se présente*, *se donne*

1. *no se puede entender, cuánto más decir !*, *Vida*, cap. 18, p. 102 ; trad. fr. p. 111.

2. *Ibid. Cf.* Ga 2, 20 : « Et ce n'est plus moi qui vis, mais le Christ qui vit en moi » (ζῶ δὲ οὐκέτι ἐγώ, ζῇ δὲ ἐν ἐμοὶ Χριστός).

3. *se representa estar junto con Dios*, *Ibid.*

4. *y queda una certidumbre que en ninguna manera se puede dejar de creer*, *Vida*, cap. 18, p. 102 ; trad. fr. p. 111.

et se donne *à elle*. « Croire », ici, veut dire, comme Thérèse l'écrira plus loin : « croire qu'il est là », qu'il est là *lui-même*, et non seulement, comme le lui dirent « ceux qui étaient peu instruits », présent par sa grâce. « Il me semblait être tellement présent [*me parecía estar tan presente*] » : une telle venue en présence dans la représentation portait en elle-même l'attestation de son évidence. « Je ne pouvais refuser de croire qu'il fût là, car il me semblait avoir presque clairement compris qu'il était là en personne »[1]. La théologie mystique selon Thérèse est la description d'une *venue en présence même* et des modes et figures d'une telle présence dans l'âme.

Or la remontée, lorsqu'il s'agit de l'entendement, jusqu'à Denys l'Aréopagite et son traité Περὶ μυστικῆς θεολογίας, qui devait, à la fin du ve siècle ou au début du vi^e, en fonder la tradition, s'éclaircira si nous considérons un instant les commentaires qu'en donnera après la sainte, en plusieurs lieux, saint Jean de la Croix, renvoyant lui-même d'une autre part, lorsqu'il s'agit d'étudier les « différences entre rapts, extases et autres ravissements et vols subtils de l'esprit qui arrivent d'ordinaire aux spirituels », « aux écrits admirables », encore inédits alors, de « Thérèse de Jésus, notre Mère »[2].

1. *Dejar de creerlo que estava allí no podía, por parecerme casi claro havía entendido estar allí su mesma presencia*, *Ibid*., p. 103 ; trad. fr. p. 112.

2. Saint Jean de la Croix, *Cantique spirituel*, Chanson 12, Explication, trad. fr. J. Ancet et J. Canavaggio, *Œuvres*, « Bibliothèque de la Pléiade », Paris, Gallimard, 2012, p. 756-757. Version A du *Cantique*. Version B, Canción 13 : *Cántico espiritual*, *Vida y Obras de san Juan de la Cruz*, edición crítica de las obras del doctor místico, notas y apéndices por Lucinio Ruano, ocd, septima edición, Madrid, Biblioteca de autores cristianos, 1973, p. 736.

La *Montée du Mont Carmel*, au chapitre 8 du Livre II, traitant de la « nuit active de l'esprit », comprendra ainsi, à partir du statut même de l'entendement, le nom de la théologie mystique, la décrivant comme une certaine sorte de sagesse : « Et de là vient », écrivait Jean, « que l'on nomme la contemplation par laquelle l'entendement a la plus haute connaissance de Dieu *théologie mystique*, c'est-à-dire sagesse secrète de Dieu, parce qu'elle est cachée à l'entendement même qui la reçoit ; et pour cela saint Denys l'appelle *rayon de ténèbre* »[1]. *Sabiduría de Dios secreta,* où la connaissance de Dieu n'est pas seulement ni d'abord celle que l'entendement prendrait de Dieu, mais celle qu'il reçoit de Lui et qui demeure à l'entendement même obscure – et nous pouvons comprendre alors l'« entendre sans entendre » ou « sans s'entendre » lui-même de l'entendement selon Thérèse, qui devait décrire ce qu'il advenait de l'entendement au cœur de l'union, autrement dit dans l'amour.

Jean reviendra sur cette obscurité au Livre II de la *Nuit obscure*, lorsqu'il s'agira, désormais, de la « nuit passive de l'esprit » et d'étudier le : *En una noche oscura* qui ouvrait la deuxième strophe de son poème[2]. Il y

1. *Y de aquí es que la contemplación por la cual el entendimiento tiene más alta noticia de Dios llaman Theología Mística, que quiere decir sabiduría de Dios secreta, porque es secreta al mismo entendimiento que la recibe ; y por eso la llama san Dionisio rayo de tiniebla, Subida del Monte Carmelo, Vida y Obras* , *op. cit*., L. 2, cap. 8, p. 498 ; trad. fr. A. Bord, *Montée du Mont Carmel, Œuvres complètes*, Paris, Desclée de Brouwer, 2016, p. 270 (trad. modifiée).

2. « En une nuit obscure, / avec angoisses, en amours enflammée / oh ! heureuse aventure ! / je sortis sans être aperçue / ma maison étant désormais apaisée », *Noche oscura, op. cit*., L. 2, cap. 4, p. 648 ; trad. fr. A. Bord, *Nuit obscure, Œuvres complètes, op. cit*., p. 569.

donnera à nouveau le sens de la « Théologie mystique » et de la « contemplation infuse » (*contemplación infusa*) qui en forme le cœur, « en laquelle en secret Dieu enseigne l'âme et l'instruit en perfection d'amour, sans qu'elle ne fasse rien ni ne comprenne comment »[1]. Elle recevra alors à nouveau le nom de « sagesse amoureuse de Dieu » (*sabiduría de Dios amorosa*), et à nouveau celui de « sagesse divine » que Jean comprendra, selon les voies mystiques, en tant que purgative et illuminative, disposant l'âme « en vue de l'union d'amour de Dieu » (*para la unión de amor de Dios*)[2]. Alors se déploient non seulement « nuit et ténèbre », en raison d'une lumière aveuglante pour l'âme, où « cette lumière divine de contemplation » (*esta divina luz de contemplación*) instaure dans l'âme des « ténèbres spirituelles » (*le hace tinieblas espirituales*), en sorte que Jean évoque une nouvelle fois le « rayon de ténèbre » de Denys : non seulement « nuit », mais aussi, expliquera Jean, « peine et tourment ». Et il cherchera à éclaircir ce que Thérèse avait laissé hors de sa propre intention strictement descriptive, dont il faut à nouveau relever la rigueur phénoménologique s'en tenant à chaque fois fidèlement à ce qui apparaît, expliquant que la lumière surnaturelle « obscurcit » dans l'âme « l'acte de son intelligence naturelle »[3].

1. *...en que de secreto enseña Dios a el alma y la instruye en perfección de amor, sin ella hacer nada ni entender cómo*, Noche oscura, *op. cit.*, L. 2, cap. 5, p. 649 ; trad. fr. p. 571.

2. *Ibid.*

3. *...escurece el acto de su inteligencia natural*, Noche oscura, *op. cit.*, L. 2, cap. 5, p. 649 ; trad. fr. p. 572.

Le « rayon de ténèbre » dionysien apparaîtra à nouveau dans le *Cantique spirituel* pour expliquer « les sifflements si pleins d'amour de l'air », *el silbo de los aires amorosos*, de la Treizième chanson, le sifflement divin dans l'oreille de l'âme, qui est, selon Jean, « manifestation de ces vérités nues dans l'entendement ou révélation des secrets de Dieu » : « ouïr, pour l'âme », écrira alors Jean, dans un magnifique commentaire du « sifflement délicat de l'air » du *Premier Livre des Rois*[1], « c'est voir avec l'entendement »[2]. L'entendement qui est ouïe « entend » la délicatesse de Dieu, et il faut à nouveau le comprendre de l'entendement passif recevant une substance intelligible de Dieu, comme « notre Père Élie a vu Dieu dans ce sifflement délicat de l'air qu'il a senti sur la montagne, à l'entrée de sa grotte »[3]. C'est encore, en dernier lieu, Denys et le « rayon de ténèbre pour l'entendement » qui sont évoqués dans *La vive flamme d'amour*, dans l'Explication de la chanson 3, où le frère Jean, comme l'appelait Thérèse,

1. *Silbo d'aire delgado* : 1 R 19, 12. Quatorzième chanson dans la version B, *Cántico espiritual*, Chansons 14-15, *op. cit.*, p. 742. Treizième chanson dans la version A du *Cantique spirituel*, Chansons 13-14, trad. fr. J. Ancet et J. Canavaggio, Thérèse d'Avila. Jean de la Croix, *Œuvres*, *op. cit.*, p. 768.

2. *Luego este oír de el alma es ver con el entendimiento*, Quatorzième chanson dans la Version B, *Cántico espiritual*, Chansons 14-15, *op. cit.*, p. 742. Il faut ici préférer la traduction d'A. Bord par « ouïr » (*Cantique spirituel*, *op. cit.*, Chansons 14 et 15, p. 747) à celle, que nous utilisons d'autre part pour le *Cantique*, de J. Ancet et J. Canavaggio pour la « Bibliothèque de la Pléiade », *Cantique spirituel*, *op. cit.*, p. 768.

3. *Cántico espiritual*, *op. cit.*, Chansons 14-15, p. 742 ; *Cantique spirituel*, Chansons 13-14, trad. fr. J. Ancet et J. Canavaggio, *Œuvres*, *op. cit.*, p. 767.

étudiera alors de plus près les rapports entre la volonté et l'entendement dans le « chemin spirituel », où « la volonté ne peut aimer sinon ce que l'entendement entend » (*la voluntad no puede amar si no es lo que entiende el entendimiento*) : dans la contemplation cependant, exception à ce principe, l'âme n'agit pas et « il n'est pas nécessaire qu'il y ait connaissance distincte » (*noticia distincta*), car « en un seul acte, Dieu lui communique ensemble lumière et amour » (*luz y amor juntamente*), d'une « connaissance surnaturelle amoureuse » (*noticia sobrenatural amorosa*), « chaude lumière » (*luz caliente*) qui « échauffe » (*calienta*) et « énamoure » (*enamora*), et qui est « rayon de ténèbre » pour l'entendement : intelligence et amour peuvent alors être l'un sans l'autre, ou l'un sans proportion avec l'autre[1].

Comme Thérèse l'avait fait, saint Jean de la Croix fait à chaque fois appel à la « théologie mystique » de Denys pour décrire ce qu'il advient de l'entendement dans l'âme « surnaturalisée » par l'amour, c'est-à-dire dans l'union. Là où Thérèse décrivait dans une fidélité non moins rigoureuse, mais d'un autre ordre, il cherche à donner l'explication du paradoxe d'une lumière aveuglante, retrouvant à chaque fois l'oxymore dionysien, seul fidèle au dépassement hyperbolique que Denys cherchait partout à indiquer, où ténèbre et lumière sont portées au-delà, ὑπερ, « dans la ténèbre

1. *Llama de amor viva*, dans *Vida y Obras*, *op. cit.*, Chanson 3, p. 952 ; *Vive flamme d'amour*, trad. fr. A. Bord, dans *Œuvres complètes*, *op. cit.*, p. 977.

plus que lumineuse du silence initiateur du secret », ὑπέρφωτον τῆς κρυφιομύστου σιγῆς γνόφον[1]. Dans la phénoménologie mystique de Denys, cherchant déjà à décrire un apparaître tout à fait unique, « ténèbre » et « silence » doivent servir à en « montrer » le sommet, qui est le plus haut λόγος de Dieu, les μυστικὰ λογία de la θεολογία, qui est d'abord, pour Denys, le λόγος de Dieu lui-même. Après la prière à la Trinité qui ouvrait le traité, Denys appelait Timothée à l'exercice, à la « diatribe » qui s'applique aux contemplations mystiques, τὰ μυστικὰ θεάματα, autrement dit à « abandonner » toutes choses, « tout le sensible et tout l'intelligible, tout ce qui n'est pas et tout ce qui est », ἀγνώστως, « en inconnaissance », vers l'union avec Dieu. Apparaissait alors le rayon de la ténèbre : « Car c'est par une extase purement déliée et détachée, de tout et de toi-même, que tu seras soulevé vers le rayon suressentiel de la Ténèbre divine [πρὸς τὸν ὑπερούσιον τοῦ θείου σκότους ἀκτῖνα], après avoir tout écarté et t'être détaché de tout »[2]. Il faut ici revenir à Thérèse pour oser comprendre Denys à partir d'elle, et apercevoir alors avec quelle précision l'expérience extatique que la sainte avait consignée, et que Jean avait étudiée, ouvre

1. Denys l'Aréopagite, *Les Noms divins. La Théologie mystique*, texte grec A. M. Ritter, trad. fr., intr. et notes Y. de Andia, Paris, Éditions du Cerf, « Sources chrétiennes », n° 579, 2020, p. 292-293.

2. Denys l'Aréopagite, *Les Noms divins. La Théologie mystique*, *op. cit.*, p. 294-295. Voici le passage dans la très belle traduction de Louis Chardon (rééd. Paris-Orbey, Arfuyen, 2002) : « Car, par une sortie purement libre et par un éloignement très détaché de vous et de toute autre chose, vous essayerez d'atteindre les rayons suressentiels des divines ténèbres » (p. 59).

l'accès à cette ἔκστασις vers Celui auquel il s'agit de s'unir. La question dionysienne la plus difficile demeure cependant peut-être celle de savoir *qui est* le rayon suressentiel : il apparaît aussi dans les *Noms divins* et la Lettre VIII l'identifiera au Christ, « le rayon bienfaisant du Christ »[1]. Mais la réponse, dans Thérèse, devance et supprime la question, car c'est Lui qui se donne *en personne*, et Thérèse fut toujours immédiatement en présence de *quelqu'un*.

L'accomplissement de ce que Thérèse aura toujours conçu comme un chemin, le « chemin spirituel », et avec celui-ci de toute la « théologie mystique » selon sainte Thérèse d'Avila, est le « mariage spirituel », dont les *Septièmes Demeures* du *Château intérieur* livreront au moins certains traits. L'union s'y accomplira d'abord en ceci que l'âme entre alors dans la demeure qui est « pour Dieu » en elle[2]. Accomplissement de l'union qui passe aussi au-delà du ravissement qui couronnait celle-ci, et où « Sa Majesté » « unit » l'âme à elle-même d'une autre façon, paraît-il à Thérèse : non plus au « sommet » (*a la parte superior*) de celle-ci ; à présent elle l'appelle plutôt à « entrer dans son centre » (*para entrar en su centro*)[3]. Dans le mariage mystique l'âme ne « monte » plus ni

1. Pseudo-Denys l'Aréopagite, « Lettre VIII, 1085C », trad. fr. M. de Gandillac, dans *Œuvres complètes*, Paris, Aubier, 1989, p. 337. On se reportera au commentaire d'Y. de Andia, *Les Noms divins. La Théologie mystique*, *op. cit.*, p. 229.

2. « En une telle âme il y a une demeure pour Dieu », *Moradas*, *Séptimas moradas*, cap. 1, p. 568 ; trad. fr. p. 665.

3. *Ibid.*

n'est parvenue au plus haut, comme dans l'ascension dionysienne : *elle est établie en son centre*, où elle est unie à Dieu (« d'une manière ou d'une autre, le Seigneur la fait se joindre à lui »), autrement cependant que dans l'oraison d'union et dans le ravissement que Thérèse distinguait de celle-ci, où toutes les puissances étaient désactivées. Sainte Thérèse à présent évoque saint Paul, l'aveuglement de Damas, puis la vue recouvrée qui est aussi la venue de l'Esprit et le baptême : « Aussitôt il lui tomba des yeux comme des écailles, et il recouvra la vue » (Ac 9, 18). *Le même rapport est pour Thérèse entre le ravissement et le mariage spirituel*, le même éblouissement et le même recouvrement de la vue : « Ici, il en est autrement : notre bon Dieu veut désormais lui ôter les écailles qu'elle a sur les yeux et lui faire entendre un peu de la faveur qu'il lui fait, bien que ce soit d'étrange façon »[1]. Il faut le remarquer avec une grande insistance : *l'entendement, dans le mariage mystique, est restitué*, non sans une nouvelle étrangeté : quoi qu'il en soit il « entend », autrement dit il « comprend ». Un nouveau « voir » s'ouvre, et Thérèse pourra désormais évoquer, l'entendement retrouvé, une « vision intellectuelle », *visión intelectual*. Mais assurément l'étrangeté continue d'entourer un tel « voir » et distingue cet « entendre » de tout autre, et Thérèse doit à nouveau essayer de le décrire en ce qu'il a d'absolument singulier, retrouvant la représentation suspendue dans le ravissement, mais

1. *Aquí es de otra manera. Quiere ya nuestro buen Dios quitarla las escamas de los ojos y que vea y entienda algo de la merced que le hace – aunque es por una manera estraña, Moradas, Séptimas moradas*, cap. 1, p. 568 ; trad. fr. p. 665-666.

en un sens lui-même nouveau de la représentation : « une certaine façon de représenter la vérité », *cierta manera de representación de la verdad*[1]. Le chapitre I des *Septièmes Demeures* en détaillera la description, où il faudra indiquer plusieurs traits essentiels. Dans les *Septièmes Demeures*, avant tout, la teneur de la vision est *trinitaire*. Mais cela veut dire que les Trois Personnes *viennent elles-mêmes en présence*, se donnent elles-mêmes à l'âme : « lui apparaît la Très Sainte Trinité, toutes les Trois Personnes » (*se le muestra la Santisima Trinidad, todas tres Personas*). Et leur présence est aussi l'attestation de l'unité de Dieu. Ce qui veut dire, selon Thérèse, que nous voyons et « entendons », « comprenons » ce que nous croyons dans la foi, selon un nouveau rapport à la vérité, qui vient elle-même en présence. Mais de quelle « vue », et de quelle « entente », ou de quel « entendement » ? La même évidence indubitable qui fut un caractère de tout ce qu'a vu Thérèse en est à nouveau la marque : « … Par une admirable nouvelle qu'elle reçoit, l'âme comprend avec une absolue certitude [*por una noticia admirable que se da a el alma, entiende con grandísima verdad*] que ces trois Personnes distinctes sont une seule substance, un seul pouvoir, un seul savoir et un seul Dieu, de sorte que ce que nous croyons par la foi, l'âme l'entend alors, pourrait-on dire, par la vue [*entiende el alma – podemos decir – por vista*], bien que ce ne soit pas une vue avec les yeux du corps, ni avec ceux de l'âme, parce que ce n'est pas une vision imaginaire [*visión imaginaria*] »[2].

1. *Moradas, Séptimas moradas*, cap. 1, p. 568 ; trad. fr. p. 665-666.
2. *Moradas, Séptimas moradas*, cap. 1, p. 569 ; trad. fr. p. 666.

L'âme « entend » ou « comprend », mais d'une entente qui lui est donnée comme un voir nouveau, et ne lui est donnée qu'avec la venue en présence des Trois Personnes elles-mêmes « se montrant » à l'âme. Il s'agit donc d'un entendre lui-même accordé à et par une présence : *la vérité est toujours Quelqu'un qui se montre*. De façon frappante, Thérèse retrouve, pour décrire cet apparaître, l'élément du feu, qui lui avait servi, dans le *Livre de la vie*, à décrire l'union, et plus précisément, alors, l'élévation dans sa dimension extatique, lorsque « l'âme sort quelquefois d'elle-même » : « Cette flamme s'élève bien au-dessus du feu, mais elle n'en diffère pas pour autant : c'est toujours la flamme du même feu »[1]. À présent le feu n'est plus celui qui s'élève en flamme, mais celui qui vient sur l'âme : « dans un flamboiement qui vient sur son esprit à la manière d'une nuée d'une intense clarté », écrit Thérèse dans les *Septièmes Demeures*[2]. Le feu est clarté absolue d'un apparaître nouveau dans l'entendement, où la Trinité se montre et parle à l'âme, « lui donne à entendre des paroles » (*y la dan a entender aquellas palabras*). Mais à nouveau il s'agit d'un « entendre » où c'est la *présence même* des Trois Personnes qui atteste leur vérité. Et Thérèse précise alors au fond cette « certaine manière de représentation de la vérité » qu'elle vient d'évoquer : « Comme il est différent d'ouïr [*oír*] ces paroles et d'y croire [*y creerlas*], et d'entendre de cette

1. *Vida*, cap. 18, p. 99; trad. fr. p. 107.

2. *con una inflamación que primero viene a su espíritu a manera de una nube de grandísima claridad*, *Moradas*, *Séptimas moradas*, cap. 1, p. 569; trad. fr. p. 666 (trad. modifiée).

manière combien elles sont vraies ! [*a entender por esta manera cuán verdaderas son !*] ». « De cette manière », c'est-à-dire par la présence même des Trois Personnes qui se montrent, dans une auto-attestation de la Vérité venant elle-même en présence. *Le mariage spirituel, ainsi, est l'accomplissement, qu'il faut dire intellectuel, du rapport à la vérité* qu'est, pour Thérèse, l'humilité, dans la venue en présence de la Vérité même se donnant à « entendre », dans le flamboiement spirituel de la Vérité dans l'âme. Or, désormais, les Trois Personnes sont là, *en lo interior de su alma, en lo muy muy interior, en una cosa muy honda* : « à l'intérieur de son âme, dans le très, très intérieur, dans quelque chose de très profond », écrit extraordinairement Thérèse, quand l'âme ne « sait dire ce qu'il en est, parce qu'elle n'a pas les lettres »[1]. Comment ne pas voir qu'elle décrit pourtant avec la plus grande exactitude ce qu'elle appelait plus haut le « centre » de l'âme, le lieu du mariage mystique ? Cette Présence des Trois Personnes, désormais, ne quitte plus l'âme, quand même elle se manifesterait par intermittence, et il faut alors considérer de quelle façon *le sentiment de présence a entièrement changé de sens*. « Cette présence ne se manifeste pas toujours à l'âme aussi entièrement, je veux dire aussi clairement qu'elle le fait la première fois »[2]. Mais l'âme se tient désormais dans une confiance absolue (*gran confianza*) en cette présence, « et si l'âme ne manque pas à Dieu,

1. *Moradas*, *Séptimas moradas*, cap. 1, p. 569 ; trad. fr. p. 666.

2. *El traer esta presencia entiéndese que no es tan enteramente, digo tan claramente, como se le manifestera la primera vez*, *Ibid.*

Lui ne manquera jamais – à ce qu'il me semble – de donner à connaître de façon si connaissable [*conocer tan conocidamente*] sa présence ». L'âme sait qu'Il est toujours présent, comme une personne se tenant avec d'autres en une pièce dont on aurait fermé les fenêtres, sait, dans le noir, que les autres sont là. Le « sentiment de présence », la certitude absolue, soudaine, qu'Il était là, est devenue la confiance, à chaque instant, en Sa présence : en Sa présence dans le noir, jusqu'à ce que « le Seigneur veuille que s'ouvre la fenêtre de l'entendement »[1]. Extraordinaire confiance de Thérèse en l'intelligibilité de Dieu, en un Dieu qui se rend intelligible, en un Dieu *qui veut être compris* : « C'est une insigne miséricorde qu'Il lui fait de ne jamais se séparer d'elle et de tenir à ce qu'elle l'entende si bien entendu »[2].

Ainsi, concernant l'âme et ce que la prière pourrait, comme Stein devait s'en enquérir, révéler phénoménologiquement du sens de son être, il faudra à Thérèse reconnaître ce trait d'étrangeté, selon lequel l'âme vit en quelque sorte sur deux plans, en deux séjours différents, comme divisée : le mariage spirituel se caractérise par une *confiance* qui ne la quitte jamais, et du haut de laquelle elle ne pourra plus tomber, quelle que soit l'expérience qui lui sera envoyée. Ainsi de « la personne que je disais » (qui est elle-même, et ne l'est

1. *quiere nuestro Señor que se abra la ventana del entendimiento*, *Moradas*, *Séptimas moradas*, cap. 1, p. 569 ; trad. fr. p. 667.

2. *harta misericordia la hace en nunca se ir de con ella y querer que ella lo entienda tan entendido*, *Ibid.*

pas, comme « un homme dans le Christ » était Paul, et ne l'était pas : 2 Co 12, 2) : « Il lui semblait que, malgré les épreuves et les tracas qu'elle pouvait subir, l'essentiel de son âme ne sortait jamais de ce divin séjour, si bien qu'il lui semblait qu'il y avait en quelque sorte une division de son âme »[1]. L'âme vit sur deux plans, ou se divise et s'oppose à elle-même, et a lieu de se plaindre d'elle-même comme, selon les figures des deux femmes de Luc que Thérèse retrouve à présent tout autrement, Marthe se plaignait de Marie (Lc 10, 38-42). Il faut reconnaître cette différence dans l'âme, quelles que soient l'unité de son être et la façon dont il faudra en comprendre la division, comme différence entre l'âme et l'esprit, ou entre l'âme et les puissances : « On reconnaît cette si délicate division, car il semble que parfois l'une et l'autre agissent de manière différente, ainsi qu'est différente la saveur dont le Seigneur veut les doter »[2]. Mais cela veut dire d'abord que, dans le mariage spirituel, l'âme demeure immuable, dans la confiance en la présence constante de son Seigneur.

1. *lo essencial de su alma jamás se movía de aquel aposento, de manera que en alguna manera le parecía havía divisíon en su alma*, *Moradas*, *Séptimas moradas*, cap. 1, p. 570 ; trad. fr. p. 667.

2. *Moradas*, *Séptimas moradas*, cap. 1, p. 570 ; trad. fr. p. 667-668.

CHAPITRE IV

« SEIGNEUR, QUE VOULEZ-VOUS QUE JE FASSE ? »

La difficulté devant laquelle se trouvent les *Septièmes Demeures* est nouvelle. Tous les vécus de l'union furent difficiles à décrire. Mais la vie nuptiale donne lieu à une autre et plus grande difficulté, pour une raison précise : l'âme n'y vit plus de sa vie propre, autrement dit *ne se sépare plus* pour s'unir par après et, ainsi, seulement par intermittence. Elle meurt, une fois, et la Vie naît en elle. À nouveau Thérèse trouvera dans saint Paul le chemin de la seule description juste, donnant ici Philippiens 1, 21 (comme d'autres fois Galates 2, 20) : « *Mihi vivere Christus est ; mori lucrum*[1]. C'est aussi, à mon avis, ce que peut dire l'âme en cette circonstance, car le petit papillon que nous disions meurt à ce moment-là, et avec une joie sans pareille, parce que désormais c'est le Christ qui est sa vie »[2]. L'âme meurt, c'est-à-dire entre dans une vie nouvelle, qui n'est plus la sienne, entre dans l'unique Vie. Alors, l'âme vivant d'une autre

1. « Pour moi, certes, la vie c'est le Christ et mourir représente un gain. »

2. *Moradas*, *Séptimas moradas*, cap. 2, p. 572 ; trad. fr. p. 670.

vie, tout change de sens, et tout prend vie de cette vie nouvelle. Quelle est cette vie ? Thérèse devra indiquer d'abord qu'elle ne saurait atteindre sa « perfection » dès cette vie charnelle : et cela voudra dire que l'âme éprouvera constamment la crainte de « s'écarter de Dieu », à laquelle ne pourra répondre que la confiance, désormais ferme, en la miséricorde de son Seigneur[1]. Crainte devant soi-même et confiance en Dieu forment en Thérèse un cercle, où la confiance ne va pas sans la crainte, qu'elle recueille, qu'elle garde même en elle, mais qu'elle dépasse, comme il en va en tout amour. Mais à présent le cercle de la crainte et de la confiance s'ouvre dans un autre, plus profond, celui de la vie nouvelle en laquelle elle fut admise. Crainte et confiance se tiennent dans ce que Thérèse va décrire en tant que « paix ».

Mais avant d'y venir, et pour y accéder, il faut évoquer le commencement de cette vie dans un apparaître lui-même nouveau. Le Seigneur apparaît d'une façon qu'il faudra à Thérèse dire *entièrement nouvelle*, quitte à faire l'expérience de la difficulté elle-même nouvelle d'une telle description. « Il peut sembler que ce n'était pas là une nouveauté, puisque le Seigneur s'était déjà manifesté d'autres fois à cette personne de la même manière »[2]. Quelle est alors la *novedad* qui aura « désorienté » et « effrayé » Thérèse ?

1. *si nos apartásemos de Dios* : « si nous nous écartions de Dieu », *Moradas*, *Séptimas moradas*, cap. 2, p. 570 ; trad. fr. p. 668 ; et plus loin : *si nosotros nos apartásemos de Dios*, *Moradas*, *Séptimas moradas*, cap. 3, p. 577 ; trad. fr. p. 678.

2. *Moradas*, *Séptimas moradas*, cap. 2, p. 570 ; trad. fr. p. 668.

Il faut distinguer dans cette « immense différence » (*grandísima diferencia*) trois caractères : d'abord la « grande force » (*gran fuerza*) de cette vision ; puis les « paroles » que l'âme y entend. Mais, surtout, aucune autre vision *n'était jamais apparue de cet apparaître-là* : « Hormis la vision précédente, elle n'en avait pas vu d'autres lui apparaître ainsi à l'intérieur de l'âme [*en lo interior de su alma, adonde se le representó, si no es la visión pasada, no havía visto otras*] »[1]. Dans la septième demeure tout apparaît autrement, et c'est même l'« immense différence » de cet apparaître qui caractérise et met cette demeure à part. Et la nouveauté de l'apparaître est d'abord, de la façon la plus précise, le degré de sa profondeur intérieure. La description de sainte Thérèse cherchera à rejoindre cet apparaître le plus intérieur qui s'appelle encore « représentation », mais qui n'est plus une venue en présence au sens où vint à elle, en elle, tout ce que l'âme jusqu'alors avait vu. L'apparaître du mariage spirituel est une venue incomparablement plus intérieure, et qu'il faut dire, exactement, centrale. Celui qui apparaît est, certes, Celui qui déjà apparut précédemment dans les autres visions, et la description n'en est guère différente : « Sa Majesté veut montrer sa très sainte Humanité par vision imaginaire à l'âme [*quiere Su Majestad mostrarse a el alma por visión imaginaria de su sacratísima Humanidad*], afin qu'elle ait bien conscience et n'ignore point qu'elle fait l'objet d'un don souverain [*tan soberano don*] »[2].

1. *Moradas*, *Séptimas moradas*, cap. 2, p. 570 ; trad. fr. p. 668-669.
2. *Moradas*, *Séptimas moradas*, cap. 2, p. 570. ; trad. fr. p. 668.

Quel est le don ? Le don est l'incarnation elle-même, l'humanité de Dieu, et c'est elle que « montre » la « faveur » de cette « image ». Celle-ci appartient encore, dans cette mesure, à la venue de Dieu, comme le confirme l'indication tout à fait décisive que donne alors Thérèse, qui va aussi donner le sens de l'apparaître nouveau, nouveau, pour elle, d'une nouveauté absolue, mais qui en vérité était déjà apparue une fois. *Celui qui apparaît à Thérèse, en effet, c'est le Ressuscité* : « Le Seigneur est apparu dans sa splendeur, sa beauté et sa majesté, comme après sa résurrection [*se le representó el Señor ... con forma de gran resplandor y hermosura y majestad, como después de resucitado*] »[1]. Le Seigneur, ainsi, *réapparaît*, *comme il était apparu aux premiers disciples*, et il est alors possible de comprendre ce que furent d'abord la « confusion » et la « honte » (*gran confusión*, *grandísima vergüenza*) de Thérèse devant une telle faveur qui lui était faite sans mérite[2]. Le Seigneur, Thérèse l'avait déjà vu : pourtant, *elle ne l'avait jamais vu en ce sens-là du voir, accordé, seul, à la résurrection*. Le décisif n'est évidemment pas dans le caractère imaginaire de la vision, qui lui non plus n'est pas nouveau dans les visions thérésiennes, et qui sera d'ailleurs supprimé dans les visions qui suivent[3] : mais dans *l'intériorité et la profondeur de l'apparaître et du*

1. *Moradas*, *Séptimas moradas*, cap. 2, p. 570 ; trad. fr. p. 668.

2. *Moradas*, *Séptimas moradas*, cap. 1, p. 567 ; trad. fr. p. 664.

3. « Le Seigneur fait son apparition en ce centre de l'âme, par vision non imaginaire, mais intellectuelle, et plus délicate [*más delicada*] encore que les précédentes », *Moradas*, *Séptimas moradas*, cap. 2, p. 571 ; trad. fr. p. 669.

voir, même lorsque la faveur se déploie dans une image. Car il s'agit d'une tout autre image, ou de l'image, qui en est elle-même changée, d'une tout autre présence, et le nouveau « voir », ainsi éveillé par le « montrer », doit à lui seul porter le sens du mariage spirituel qui est désormais le nouveau sens d'être régnant : « Il vous faut en effet comprendre qu'il y a une immense différence entre toutes les visions passées et celles de cette demeure, et une différence aussi grande entre les fiançailles spirituelles et le mariage spirituel qu'entre deux fiancés et des mariés qui désormais ne peuvent plus se séparer »[1]. Tel est le trait nouveau de la présence : elle est inséparable, l'union est devenue inséparation, autrement dit constant être-uni, constant être-avec-Lui, et cette constance se donne dans une confiance nouvelle, une joie nouvelle et, dans le texte de sainte Thérèse, une *paix* nouvelle. Thérèse a vu, pour la première fois, dans une intériorité s'ouvrant pour la première fois, la nouvelle présence qu'ouvrait la résurrection : *elle a vu le Ressuscité* et, ainsi, *elle a compris ce que voulait dire le mot de résurrection.*

Mais ces premiers traits attestent une origine positive tout à fait précise et, s'ils n'y sont rapportés, ils doivent au fond demeurer incompréhensibles : la description du mariage spirituel dans les *Septièmes Demeures* est conduite entièrement dans la fidélité la plus stricte à la fin de l'Évangile de Jean, à son récit de la première apparition du Ressuscité aux disciples, de leur envoi

1. *Moradas*, *Séptimas moradas*, cap. 2, p. 570-571 ; trad. fr. p. 669.

et du don qu'il leur fait de l'Esprit[1]. *Tous les traits johanniques de l'apparition sont encore ceux que relève Thérèse*, et le lieu nouveau de l'apparaître, qui s'appelle à présent le centre de l'âme, est lui-même décrit à l'image de celui où alors les disciples se tinrent :

> Le soir, ce même jour, le premier de la semaine, et les portes étant closes, là où se trouvaient les disciples, par peur des Juifs, Jésus vint et se tint au milieu et il leur dit : « Paix à vous ! » Ayant dit cela, il leur montra ses mains et son côté. Les disciples furent remplis de joie à la vue du Seigneur. Il leur dit alors de nouveau : « Paix à vous ! »[2].

C'est *à nouveau cette présence, à nouveau cette joie, à nouveau cette paix* qui forment le cœur du mariage spirituel selon sainte Thérèse. À nouveau cette présence, dans le nouveau lieu atteint, *el centro muy interior del alma*, qui est le lieu pour cet apparaître absolu. Le trait majeur d'un tel centre est celui qu'indiquait déjà le récit johannique : il est fermé, et il n'est pas possible d'y entrer, au moins au sens où l'on entre en tout autre lieu. C'est un lieu qui n'a pas de porte : « là où doit se trouver Dieu lui-même et où, à mon avis, il n'est pas besoin de porte pour entrer »[3]. Thérèse s'explique sur une telle absence d'accès, qui doit précisément décrire le trait nouveau de l'apparaître dans le centre le plus intérieur, l'apparaître intérieur. Si l'apparaître est le plus intérieur,

1. Jn 20, 19-23.

2. ἦλθεν ὁ Ἰησοῦς καὶ ἔστη εἰς τὸ μέσον καὶ λέγει αὐτοῖς· εἰρήνη ὑμῖν. καὶ τοῦτο εἰπὼν ἔδειξεν τὰς χεῖρας καὶ τὴν πλευρὰν αὐτοῖς. ἐχάρησαν οὖν οἱ μαθηταὶ ἰδόντες τὸν κύριον. εἶπεν οὖν αὐτοῖς [ὁ Ἰησοῦς] πάλιν εἰρήνη ὑμῖν (Jn 20, 19-21).

3. *Moradas*, *Séptimas moradas*, cap. 2, p. 571 ; trad. fr. p. 669.

c'est justement au sens où l'on n'y accède jamais du dehors, à partir des sens et des puissances, mais où il paraît éclore intérieurement, comme le Christ parut, dans l'Évangile de Jean, « au milieu d'eux », toutes portes closes, dans un jaillissement pur, purement intérieur, de la présence, qui éclôt ainsi à partir du centre : ἦλθεν ὁ Ἰησοῦς καὶ ἔστη εἰς τὸ μέσον. « Jésus vint et se tint au milieu »[1] : telle est *la description la plus pure de la venue*, si difficile à décrire, des septièmes demeures, autrement dit du mariage spirituel selon Thérèse. Une telle venue n'a plus pour provenance quelque extérieur à partir duquel « le Seigneur » se ménagerait un accès à l'intérieur. Elle est venue immédiatement intérieure, venue *de l'intérieur* et *à l'intérieur*, « dans le centre » : le Seigneur vient du dedans et au-dedans. Sainte Thérèse écrit : « Je dis qu'il n'est pas besoin de porte, parce que, pour tout ce qui a été dit jusqu'à présent, il semble que les choses se font au moyen des sens et des puissances, et c'est ce qui devait se produire avec cette apparition de l'humanité du Seigneur ; mais ce qui se passe dans l'union du mariage spirituel est bien différent [*muy diferente*] »[2]. Or cette différence est celle qui caractérisa une première fois l'apparition aux disciples : « Le Seigneur fait son apparition au centre de l'âme [...], ainsi qu'il est apparu aux apôtres sans qu'il y ait à entrer par une porte, quand il leur a dit : *Pax vobis !* ». La description de Thérèse est alors absolument identique à la description johannique. Celle-ci présentait

1. Jn 20, 19.
2. *Moradas*, *Séptimas moradas*, cap. 2, p. 571 ; trad. fr. p. 669.

une étrange insistance : « Jésus vint et se tint au milieu et il leur dit : “Paix à vous !” [...] Il leur dit alors de nouveau : “Paix à vous !” » ἦλθεν ὁ Ἰησοῦς καὶ ἔστη εἰς τὸ μέσον καὶ λέγει αὐτοῖς· εἰρήνη ὑμῖν. [...] εἶπεν οὖν αὐτοῖς [ὁ Ἰησοῦς] πάλιν· εἰρήνη ὑμῖν. Thérèse rapprochera elle-même plus loin le passage de Jean de « la parole adressée à la glorieuse Madeleine » en Luc, 7, 50 : « Mais il dit à la femme : “Ta foi t’a sauvée ; va en paix” »[1]. Le redoublement de la salutation dans le nom de la paix doit en Jean entourer l’attestation de la résurrection, autrement dit forme l’entour de l’apparaître, de Celui qui apparaît et de ce qui apparaît, pour la première fois dans le monde. Cet apparaître est en vérité un « se montrer », le « se montrer » du Seigneur en tant que Seigneur, Seigneur de la vie et de la mort, *Seigneur de l’être et du non-être*, l’attestation par laquelle Jésus paraît en tant qu’il est lui-même, celui qui était là et celui qui est là, celui qui est mort et celui qui est vivant : « Ayant dit cela, il leur montra ses mains et son côté », καὶ τοῦτο εἰπὼν ἔδειξεντὰς χεῖρας καὶ τὴν πλευρὰν αὐτοῖς. Le lien tout à fait essentiel entre la paix et une telle attestation est confirmé lorsque, quelques jours plus tard, la même attestation charnelle de la présence advient devant Thomas. Le lieu est le même, le lieu intérieur et fermé, et c’est la même venue sans provenance, le même surgissement pur, purement intérieur : « Huit jours après, ses disciples étaient de nouveau à l’intérieur et Thomas avec eux. Jésus vient,

1. εἶπεν δὲ πρὸς τὴν γυναῖκα· ἡ πίστις σου σέσωκέν σε· πορεύου εἰς εἰρήνην.

les portes étant closes, et il se tient au milieu et dit : “Paix à vous !” »[1]. Alors Jésus demande à Thomas de le toucher, de toucher la chair manifestant la présence de celui qui a souffert, la chair qui fut passible et qui fut blessée, la chair qui fut atteinte par la mort, la chair à laquelle sainte Thérèse rapporte *la Humanidad del Señor*, et qui revit. Mais le plus frappant, et qui éclaire encore le récit thérésien, est le cri de reconnaissance de Thomas, le cri qui est cri de joie : ὁ κύριός μου καὶ ὁ θεός μου. « Mon Seigneur et mon Dieu » ! La joie de Thomas est la même que celle qui étreignit les disciples lors de la première apparition de Jésus « à l'intérieur » : *elle est la joie de la présence, de la nouvelle présence* en laquelle, avant de voir, il était le plus difficile de croire. *Or c'est à nouveau cette joie qui étreint Thérèse*, inexplicablement, incomparablement : « C'est un si grand secret et une faveur si haute que Dieu communique alors à l'âme en un instant, et une joie si intense qu'elle ressent, que je ne sais à quoi comparer cela ni qu'en dire [...] »[2]. « Mon Seigneur et mon Dieu ! » : le cri de Thomas donne encore le sens de la joie de Thérèse. *La joie des septièmes demeures est ainsi, de la façon la plus nette et la plus précise, la joie de la résurrection* et, dans la clarté qui est la sienne, elle est entièrement

1. Καὶ μεθ' ἡμέρας ὀκτὼ πάλιν ἦσαν ἔσω οἱ μαθηταὶ αὐτοῦ καὶ Θωμᾶς μετ' αὐτῶν. ἔρχεται ὁ Ἰησοῦς τῶν θυρῶν κεκλεισμένων καὶ ἔστη εἰς τὸ μέσον καὶ εἶπεν· εἰρήνη ὑμῖν (Jn 20, 26).

2. *Es un secreto tan grande y una merced tan subida lo que comunica Dios allí a el alma en un instante y el grandísimo deleite que siente el alma, que no sé a qué lo comparar ..., Moradas, Séptimas moradas*, cap. 2, p. 571 ; trad. fr. p. 669.

nouvelle. C'est elle que Thérèse va décrire en tant que « paix », dont il faut à présent discerner les contours phénoménologiques.

Thérèse aura d'abord été frappée par les mots mêmes de Jésus en Jean et en Luc : « Il m'est revenu à l'esprit que cette salutation du Seigneur aux apôtres devait être de plus d'importance qu'il n'y paraît, et de même la parole adressée à la glorieuse Madeleine, lorsqu'il lui a dit d'aller en paix »[1]. En tant que parole de Dieu, cette parole, rappelle Thérèse, accomplit ce qu'elle dit, et pour Thérèse elle l'accomplit « en nous », selon la même intériorité qui fut alors, pour les disciples qui s'étaient enfermés, le caractère de cet apparaître absolument nouveau : « En effet, comme, pour le Seigneur, parler, c'est agir en nous... »[2]. Quelle est l'œuvre que la parole accomplit ainsi « en nous » ? La description qu'en donne Thérèse donnera en même temps le sens de la paix. Or il est tout à fait décisif que Thérèse la comprenne à nouveau à partir de l'Esprit, qui doit lui-même alors donner à comprendre la possibilité de l'union, autrement incompréhensible. La parole est la venue de l'Esprit en nous, accomplissant, de la façon la plus précise, le détachement du corporel, et même de tout créaturel en nous. Thérèse écrit exactement : « ...ses paroles devaient opérer de telle sorte dans ces âmes toutes disposées qu'elles bannissaient en elles tout ce qui subsiste de corporel dans l'âme pour en faire un

1. *Moradas*, *Séptimas moradas*, cap. 2, p. 572 ; trad. fr. p. 671.

2. *Porque como las palabras del Señor son hechas como obras en nosotros...*, *Moradas*, *Séptimas moradas*, cap. 2, p. 572 ; trad. fr. p. 671.

pur esprit, de façon à leur permettre, dans cette union céleste, de se joindre à l'esprit incréé, car il est bien certain qu'en évacuant de notre âme tout ce qui est créature [*todo lo que es criatura*] et en l'en détachant pour l'amour de Dieu [*y desasiéndonos de ella por amor de Dios*], le Seigneur en personne l'emplira de lui »[1]. Le détachement est accompli par le Seigneur lui-même, par sa parole, qui seule est à l'œuvre, et qui ouvre dans la créature, au-delà du créaturel, le chemin à sa venue, à la plénitude de sa présence, telle qu'elle se montre et se donne. L'union de la créature à l'incréé (*con el espíritu increado*) ne peut être accomplie dans la créature que par l'Esprit lui-même, « pour l'amour » et, en vérité, par l'amour. L'union est par conséquent l'œuvre de l'Esprit lui-même, en tant que spiritualisation, détachement spirituel. Et il est évidemment décisif qu'en Jean, 20, l'apparition de Jésus εἰς τὸ μέσον, « au milieu » ou « dans le centre », soit entièrement tournée, selon une logique trinitaire, vers l'envoi des disciples et le don de l'Esprit : « "Comme le Père m'a envoyé, moi aussi je vous envoie". Ayant dit cela, il souffla et leur dit : "Recevez l'Esprit saint. Ceux à qui vous remettrez les péchés, ils leur seront remis ; ceux à qui vous les retiendrez, ils leur seront retenus" »[2]. Non seulement les disciples sont envoyés dans l'Esprit qu'ils reçoivent, non seulement, ainsi, l'Esprit est avec eux, plus haut que tout corporel et

1. *Moradas*, *Séptimas moradas*, cap. 2, p. 572 ; trad. fr. p. 671, légèrement modifiée (gardant l'*unión celestial* thérésienne).

2. Jn 20, 21-23.

que tout créaturel, mais ils le sont selon l'envoi du Fils par le Père, d'un envoi qui est le même envoi. Et ainsi l'apparition à Thérèse appartient pleinement, dans le Fils, par « Sa Très Sainte Humanité », à la logique trinitaire de la résurrection telle que Jean l'établit : non seulement Thérèse a vu le Ressuscité, mais, dans les dernières demeures du château, dans l'*inflamación* que nous vîmes plus haut, « lui apparaît la Très Sainte Trinité, toutes les Trois Personnes »[1]. L'apparaître du Ressuscité appartient à la venue en présence des Trois Personnes, dans la clarté absolue d'un flamboiement unique. Et un tel « montrer » ou « se montrer », qui est le sens de l'Esprit, est l'accomplissement de l'union avec Dieu. L'Esprit est Celui qui montre et se montre, il est en lui-même, dans Jean et encore dans Thérèse, un tel *se montrer*, Celui qui donne et se donne, et par lequel le corporel-créaturel est supprimé, porté au spirituel, autrement dit jusqu'à Lui-même. *Mais montrer et se montrer, c'est toujours montrer son amour, se montrer en tant qu'amour*. Cette extraordinaire logique de l'amour est alors rendue présente, dans la description de Thérèse, avec la plus grande rigueur : « Tout ce que l'on peut dire – pour autant que ce puisse être compris –, c'est que l'âme, je veux dire l'esprit de cette âme [*el espíritu de esta alma*], ne fait plus qu'un avec Dieu, car, comme lui aussi est esprit, Sa Majesté a tenu à nous montrer l'amour qu'elle nous porte en donnant à entendre à certaines personnes jusqu'où il s'étend, afin que nous disions des louanges de la grandeur du

1. *Moradas*, *Séptimas moradas*, cap. 1, p. 569 ; trad. fr. p. 666.

Seigneur, puisqu'il a bien voulu s'unir à la créature de telle façon que, tout comme ceux qui ne peuvent plus se séparer, il ne veut plus, lui, se séparer d'elle [*que ansí como los que ya no se pueden apartar, no se quiere apartar El de ella*] »[1]. C'est toujours à l'esprit que l'Esprit s'unit, c'est-à-dire se montre, montre l'amour qu'il est. Amour constant, sans séparation, amour qui demeure, et où l'âme demeure avec Lui : *Thérèse, dans le mariage spirituel, accomplit la grande expérience de la fidélité de Dieu.* Car l'union n'a pas d'autre sens que celui de la fidélité spirituelle. Non seulement l'Esprit est fidèle, mais il est la fidélité de l'unité qu'aucune séparation ne pourra plus atteindre.

Thérèse trouve alors l'image qui entre toutes la dirige dans les descriptions des *Demeures* : il en va « comme si de l'eau tombait du ciel dans une rivière ou une fontaine où tout dès lors n'est plus que de l'eau, sans qu'il soit possible de la diviser ni de savoir quelle est l'eau, si c'est celle de la rivière ou celle qui est tombée du ciel ; ou comme si un infime ruisselet se jette dans la mer dont il n'y aura plus moyen de le différencier »[2]. L'eau est la figure du courant de vie unifiante, l'eau est, autant que le feu, la figure de la vie une qu'est l'Esprit[3].

1. *Moradas, Séptimas moradas*, cap. 2, p. 571 ; trad. fr. p. 669.

2. *Moradas, Séptimas moradas*, cap. 2, p. 571 ; trad. fr. p. 670.

3. Dans ce grand traité du feu qu'est *La vive flamme d'amour*, saint Jean de la Croix retrouvera cette troublante réversibilité du feu et de l'eau : « Oh chose admirable qu'en ce temps cette âme regorge d'eaux divines, en elles elle déborde comme une source abondante, qui de toutes parts regorge des eaux divines (Jn 4, 14). Parce que, bien qu'à la vérité cette communication dont nous parlons soit la lumière et le feu de ces flambeaux de Dieu, toutefois ce feu ici est (comme nous avons dit) si

Or cette unité dont l'eau est l'image est celle de la vie trinitaire elle-même, comme Thérèse l'indiquera, pensant à nouveau à l'Évangile de Jean : « Ainsi, une fois, alors que Jésus-Christ Notre-Seigneur priait pour ses apôtres – je ne sais plus où –, il a demandé qu'ils ne fassent qu'un avec son Père et avec lui. Je ne sais pas quel amour peut être plus grand que celui-ci ! »[1]. Thérèse pense en vérité très précisément à Jn 17, 21 : « Je ne prie pas pour eux seulement, mais aussi pour ceux qui, grâce à leur parole, croiront en moi, afin que tous soient un. Comme toi, Père, tu es en moi et moi en toi, qu'eux aussi soient en nous ». La septième demeure est ainsi, comme il commence à apparaître nettement, celle du Dieu un et trine, celle de la Trinité, et la paix de l'union, accomplie par la venue spirituelle du Fils ressuscité se montrant à l'âme ou à « l'esprit de l'âme », c'est-à-dire dans l'amour et comme amour, est la paix de l'être-un trinitaire, à laquelle l'âme se joint dans l'amour, ou plutôt à laquelle l'amour la joint lui-même. L'âme est alors aimée du plus grand amour. Alors, le plus simplement, apparaît la source de la joie qui jaillit dans les septièmes demeures : l'âme est aimée et, dans son oraison, elle sent cet amour.

Cependant le sens de la paix, qui est celui de la confiance, d'un côté, comme Thérèse prend garde à

suave que, bien qu'il soit un feu immense, il est comme des eaux de la vie qui étanchent la soif de l'esprit avec l'impétuosité qu'il désire », Canción 3, 8, *Vida y Obras de san Juan de la Cruz*, *op. cit.*, p. 932-933 ; trad. fr. A. Bord, *Œuvres complètes*, *op. cit.*, p. 954. Nous y revenons plus loin, chapitres v, « Eau », et vi, « Feu ».

1. *Moradas*, *Séptimas moradas*, cap. 2, p. 572-573 ; trad. fr. p. 671.

le rappeler, ne vaut pas certitude du salut (« l'âme dont nous témoignons, bien qu'elle se sache en cet état, et ce depuis plusieurs années, ne se tient pas pour sauvée »), de l'autre, n'a pas aboli la guerre dans les autres demeures de l'âme. Et il faudra concevoir une âme à la fois paisible et troublée, qui demeure en paix dans tout trouble et toute guerre des puissances. Non pas une âme déchirée ni même divisée, mais une âme qui, éprouvée, se tient, se maintient en son centre et, en guerre, se tient pourtant en paix : car alors l'âme a atteint son centre et s'y tient. Rien ou presque ne pourra désormais atteindre une telle paix, un tel centre paisible : « Que l'on ne croie pas que les puissances, les sens et les passions connaissent toujours cette paix ; l'âme, si ; mais, dans les autres demeures, elle traverse parfois des temps de guerre, d'épreuves et de fatigue, qui ne sont pourtant pas de nature à la priver de sa paix, ni de sa place [*mas son de manera que no se quita de su paz y puesto*], du moins à l'ordinaire »[1]. La paix spirituelle est entourée par la guerre, mais n'en est pas atteinte. Tel est le sens du mariage spirituel selon Thérèse : il est l'atteinte du centre, havre de paix, battu par les tempêtes de la vie charnelle, mais qui demeure en paix. « Quant à ce centre de notre âme, ou cet esprit, c'est là chose si difficile à dire, et même à croire, que je crains, mes sœurs, que faute de savoir me faire comprendre, vous éprouviez quelque tentation de ne pas croire ce que je vous dis, car il est assez difficile d'imaginer qu'au milieu

1. *Moradas*, *Séptimas moradas*, cap. 2, p. 573 ; trad. fr. p. 672.

des épreuves et des peines l'âme connaisse la paix »[1]. L'image vient alors à Thérèse du roi qui se tient hors d'atteinte en la paix de son palais quand « c'est partout la guerre dans son royaume », et cette *âme royale* est celle qui est entrée dans la demeure de son Seigneur.

Les deux derniers chapitres des *Demeures* décriront « les grands effets » du mariage spirituel, et par conséquent de l'oraison qui en fut le chemin, d'abord dans l'âme elle-même, puis dans le monde qu'elle retrouve, ou plutôt *le monde qui apparaît pour la première fois*, qui est *une nouvelle figure du monde*. Or il est très remarquable qu'à présent disparaissent, ou soient essentiellement modifiés, les traits qui servirent à caractériser les demeures précédemment atteintes : la mortification, lorsque le « puissant désir de souffrir » que l'âme éprouve encore n'est pas satisfait, le désir de mourir, qu'efface à présent le désir de servir, et, surtout, les ravissements. Particulièrement frappante est leur disparition, leur apaisement, eux qui furent d'abord l'attestation éclatante de la présence, de la venue en présence : ceux qui restent « se produisent alors sans ces emportements ni ces envols de l'esprit [*con aquellos arrebatamientos y vuelo de espíritu*], très rarement et presque jamais en public, comme cela arrivait d'ordinaire auparavant »[2]. Thérèse le comprend par le repos nouveau, ou par tout ce que l'âme a déjà vu, ou encore par la fin de la solitude, que

1. *Moradas*, *Séptimas moradas*, cap. 2, p. 573-574 ; trad. fr. p. 672-673.

2. *Moradas*, *Séptimas moradas*, cap. 3, p. 577 ; trad. fr. p. 677.

la présence nouvelle a laissée une fois pour toutes en arrière[1]. L'âme n'est plus aussi solitaire, l'âme n'est plus seule, et la *compañía* en laquelle elle se trouve est celle d'une présence qui l'entoure désormais de paix. Si grande est, concernant cette vie, « la différence qu'il y a entre elle et la vie d'avant »[2]. Une telle différence se laisse décrire d'abord par l'oubli de soi (*un olvido de sí*) où l'âme « ne se reconnaît plus, ne se souvient plus de ce qui lui revient, ni du ciel, ni de sa vie, ni de son honneur, parce qu'elle est tout entière tournée vers celui de Dieu »[3]. Cette situation où l'âme ne se souvient plus de soi correspond à cette sorte de mort qu'emporte en elle la nouvelle naissance, et à la vie dans le Christ, ou à la vie du Christ dans l'âme, car « c'est maintenant Sa Majesté qui y est vivante »[4] : je ne suis plus, ou je ne suis plus rien, « rien en rien », écrit Thérèse : « Elle est en proie à un étrange oubli d'elle-même qui fait qu'elle n'est plus, semble-t-il, ni ne voudrait être rien en rien [*un estraño olvido, que – como digo – parece ya no es ni querría ser en nada, nada*] »[5]. Mais cette expérience d'une étrange mort de l'âme renaissant d'une seconde naissance dans le Christ sera justement celle qui supprimera toute crainte de la mort, comme inversement elle abolira le désir qui

1. *Ibid.*
2. *Moradas, Séptimas moradas*, cap. 3, p. 574 ; trad. fr. p. 673-674.
3. *Moradas, Séptimas moradas*, cap. 3, p. 574 ; trad. fr. p. 674.
4. *Moradas, Séptimas moradas*, cap. 3, p. 575 ; trad. fr. p. 675.
5. *Moradas, Séptimas moradas*, cap. 3, p. 574 ; trad. fr. p. 674.

l'étreignait jusque-là de mourir[1]. Telle est la description du « grand détachement de tout » (*un desasimiento grande de todo*) dans lequel l'âme est entrée en pénétrant dans les septièmes demeures : le détachement, chez Thérèse, est une sorte de mort. Thérèse notera encore, à côté du désir, lui-même désormais détaché, de souffrir, la « joie intérieure intense » dans les persécutions, « accompagnée d'une paix beaucoup plus profonde qu'avant »[2] : car « intériorité » et « profondeur » sont à chaque fois les marques de tout ce qui advient dans les dernières demeures, comme cette « douceur » (*gran suavidad*) étrange, qui « vient de l'intérieur de l'âme », par laquelle le Seigneur la « réveille » désormais lorsqu'elle manque à « la tendresse pour Lui qu'une telle âme voudrait toujours couvrir de louanges »[3]. Elle aussi, cette douceur, comme la présence, naît de l'intérieur, à l'intérieur, toutes portes closes.

Mais le trait essentiel du mariage spirituel est celui qui donnait au fond déjà la clarté de leur orientation à ces premiers caractères, et que nous entrevîmes à leur occasion. Si les ravissements s'apaisent, c'est que la tranquillité nouvelle à laquelle l'âme a accédé est une nouvelle tenue, une nouvelle façon de se tenir dans le monde, une façon de *se tenir, pour la première fois, au cœur du monde. Dans le grand détachement de tout est atteint, pour la première fois, le cœur du monde.* Le

1. *Moradas*, *Séptimas moradas*, cap. 3, p. 574 ; trad. fr. p. 674 : « La mort, elle n'en a aucune crainte, pas plus qu'elle n'en aurait un suave ravissement ».

2. *Moradas*, *Séptimas moradas*, cap. 3, p. 575 ; trad. fr. p. 674.

3. *Moradas*, *Séptimas moradas*, cap. 3, p. 575 ; trad. fr. p. 676.

cœur du monde est cette nouvelle présence, la présence intérieure, qui n'avait jamais cessé d'être là mais où l'âme se tient désormais pour la première fois, selon la constance et la confiance que Thérèse décrivit, unie à Celui qui l'a laissée venir à Lui. Le monde lui-même à partir d'un tel centre prend alors une nouvelle figure, et, plus haut que tout ravissement, l'âme, entièrement oublieuse de soi, entre dans une autre, une nouvelle dimension de la joie, celle de l'œuvre et du service, qui sont toujours, pour Thérèse, rapportées à la gloire de son Seigneur : « C'est qu'est si grand à présent le désir qu'elles ont de le servir, de le voir grâce à elles glorifié, et si possible d'en faire bénéficier une autre âme, que non seulement elles ne souhaitent plus mourir, mais elles désirent vivre de très longues années à endurer de très cruelles épreuves, au cas où cela ferait louer le Seigneur, ne serait-ce qu'un tout petit peu plus »[1]. « Être seule » ou « œuvrer » forment désormais les deux visages du désir unique de l'âme tournée vers son Seigneur, car dans les deux cas, dans la solitude avec Lui et dans l'œuvre de l'amour, il ne s'agit que de « rester avec lui » : et ainsi de répondre à ce que Thérèse décrit à ses sœurs, en son amour toujours jeune, comme une lettre qui serait à chaque fois adressée personnellement à chacune d'entre elles, une lettre qu'elle seule pourrait jamais comprendre, « cette missive ou ce billet écrit avec tant d'amour et de manière à ce que vous seules, comme il le veut, sachiez le lire et comprendre ce qu'il vous

1. *Moradas*, *Séptimas moradas*, cap. 3, p. 575 ; trad. fr. p. 675.

y demande »[1]. Non plus seulement une parole, ainsi, mais *un mot écrit à chaque fois pour elle seule* (*aquel recaudo u billete escrito con tanto amor*), et qui porte à chaque fois une demande. La seule question pour l'âme solitaire est alors de savoir comment « répondre » à cette demande, dans cette sorte de correspondance silencieuse avec son Seigneur. L'œuvre du service aura le sens d'une telle réponse, qui ne s'en tiendra justement pas aux paroles. L'âme se maintient alors dans l'unique question, l'autre question qu'est encore la réponse à la lettre d'amour qui fut à chacune des sœurs personnellement adressée. Cette question unique, absolument directrice, sous laquelle Thérèse elle-même place à présent tout son sens d'être, la vérité de son être, *n'être rien en rien*, dans la réponse à Celui qu'elle aime, elle la trouve dans la question paulinienne conservée par un verset des *Actes des apôtres*, dans une version anciennement retenue. *Mais comment ne pas voir qu'elle est encore une fois la grande question de l'humilité*, autrement dit porte en elle la décision thérésienne concernant l'obéissance à la vérité : « Seigneur, que voulez-vous que je fasse ? » « *¿Qué queréis, Señor, que haga ?* »[2]. La septième demeure a atteint le faîte de l'humilité,

1. *Moradas*, *Séptimas moradas*, cap. 3, p. 576 ; trad. fr. p. 676.

2. On se reportera à l'apparat critique de Nestle-Aland pour Ac 9, 6 : κυριε τι με θελεις ποιησαι ; (*Novum Testamentum graece*, 28. Ausgabe, Stuttgart, Deutsche Bibelgesellschaft, 2012) et à celui de la Vulgate pour le même verset : *Domine, quid me vis facere ?* (*Biblia sacra iuxta vulgatam versionem*, ed. minor : ed. tertia emendata, Stuttgart, Deutsche Bibelgesellschaft, 1984). Il faut se reporter au second récit de Damas, placé par Luc dans la bouche de Paul lui-même, en Ac 22, 10 : εἶπον δέ, Τί ποιήσω, κύριε ; « Je repris : "Que dois-je faire, Seigneur ?" ».

l'humilité de servir. À cette profondeur, l'âme est à vrai dire entourée du plus grand silence : « C'est comme dans la construction du temple de Salomon », écrit Thérèse, « où il n'est pas question d'entendre le moindre bruit ; de même, dans ce temple de Dieu, en cette sienne demeure, il n'y a que lui et l'âme pour jouir l'un de l'autre en un profond silence »[1]. Ce silence dans la profondeur est le silence des puissances, qui n'œuvrent pas, se tenant comme en suspens[2], il est le silence dans lequel Dieu seul œuvre. Mais cette œuvre divine intérieure est ce qui tourne l'âme vers le témoignage, c'est-à-dire justement vers la recherche des œuvres, « par où elle témoignera de l'amour qu'elle lui porte »[3]. Toute l'oraison, ainsi, et jusqu'à son accomplissement le plus haut, le plus profond et le plus intérieur, n'a de sens que dans le déploiement libre de la charité, dans l'œuvre qui témoigne, dans l'œuvre de l'âme pour les âmes qui se tiennent à ses côtés : « C'est pour cela, mes filles, qu'est faite l'oraison ; c'est à cela que sert le mariage spirituel : qu'il en naisse des œuvres, encore et toujours des œuvres »[4]. L'œuvre n'a plus aucun sens qu'elle tiendrait de la volonté propre : *elle rend témoignage, elle est toujours l'œuvre du témoin*, elle est tournée vers la gloire, elle va à la Manifestation, celle d'un amour plus grand qu'elle-même : seul Dieu œuvre, et l'humilité de toute œuvre, l'humilité de son

1. *Moradas, Séptimas moradas*, cap. 3, p. 576 ; trad. fr. p. 677.
2. *Ibid.*
3. *Moradas, Séptimas moradas*, cap. 4, p. 579 ; trad. fr. p. 681.
4. *Para esto es la oración, hijas mías ; de esto sirve este matrimonio espiritual, de que nazcan siempre obras, obras*, *Ibid.*

témoignage, se tient dans cette unique volonté, dans cet unique amour. Là est l'accomplissement de la liberté thérésienne, dans le « grand détachement » de l'amour qui œuvre dans le cœur du monde, le service de l'amour, dans « la vallée de l'humilité » : mais par conséquent là est aussi le sens de l'esprit, de l'être-spirituel selon Thérèse : « Savez-vous ce que c'est en vérité que vivre spirituellement [*ser espirituales de veras*] ? C'est se faire esclave de Dieu à qui, marqué de son fer qui est celui de la croix, on a déjà donné sa liberté pour qu'il puisse nous vendre comme esclave de tout le monde, comme lui l'a été »[1]. Le « service » d'une telle servitude est l'accomplissement de la liberté spirituelle, de la liberté en tant qu'esprit. *« Seigneur, que voulez-vous que je fasse? » est alors, à jamais, la question en laquelle désormais Thérèse pourra elle-même se tenir sans réserve, la question qui donne le sens de son être,* dans l'absence de crainte, ou sans autre crainte que celle de « s'écarter » de son Seigneur, devant l'instant qui est toujours, désormais, l'instant du service : « Il ne me sert pas à grand-chose, en effet, de rester toute seule dans mon coin, à dresser des actes avec Notre-Seigneur pour proposer et promettre des merveilles pour son service, si, aussitôt après, alors que s'en présente l'occasion, je fais tout de travers »[2]. Que l'oraison s'accomplisse dans l'œuvre, dans l'instant toujours renouvelé de l'œuvre, qui est l'instant du prochain, Thérèse le voit dans ce qu'avait déjà montré avec évidence « Sa Majesté » :

1. *Moradas*, *Séptimas moradas*, cap. 4, p. 580 ; trad. fr. p. 682.
2. *Ibid.*

car c'est Lui qui s'était tenu le premier dans le service de l'amour, adressant ainsi à Thérèse et à ses sœurs, en ce qu'Il était Lui-même, le Seigneur, le Serviteur, la demande, l'unique demande d'amour, la demande de s'appliquer à « être la moindre de toutes ».

Tel est le sens d'être – *ser la menor de todas*[1] – ouvert une fois par l'amour, appelé, une fois pour toutes, par l'amour. Sens d'être à vrai dire en lui-même illimité, *sens d'être infini*, si « pour l'amour, où qu'il soit, il lui est impossible, je crois, de se cantonner dans des limites »[2]. « Où qu'il soit » : la liberté thérésienne, dans la figure du mariage spirituel, touche à son couronnement lorsqu'elle atteint, dans l'humilité, la vérité de l'être, le seul sens infini de l'être, le sens du mot « amour » : *ser la menor de todas*, être la moindre de toutes.

1. *Ibid.*
2. *Ibid.*

CHAPITRE V

EAU

Les *Demeures du château intérieur* s'ouvraient sur la difficulté extrême de ce qui était demandé à Thérèse lorsqu'il lui était commandé d'écrire, par « des gens de grand savoir »[1], pour ses sœurs de « ces monastères de Notre-Dame du Carmel », en vue de lever « certains de leurs doutes sur l'oraison » : « Il est peu de choses que m'a ordonnées l'obéissance qui m'aient été aussi difficiles que d'écrire maintenant sur l'oraison »[2]. L'une des difficultés est l'incertitude où elle se trouve concernant « l'esprit »[3] qui la dirigerait dans cette tâche, l'inspiration qui est toujours pour Thérèse, dans l'obéissance en laquelle elle se tient entièrement et qui est son lieu le plus propre, au principe créateur, libérateur, de l'écriture. Une autre sans doute est due à

1. Le P. Jérôme Gracián, qui était alors son supérieur, et devait devenir le premier provincial du Carmel réformé devenu province (on se reportera à la contribution d'I. Moriones au *Dictionnaire Sainte Thérèse d'Avila*, sous la direction de T. Alvarez, Paris, Éditions du Cerf, 2008, p. 327 *sq.*) et le P. Alonso Velásquez (sur la composition du livre, cf. *Dictionnaire sainte Thérèse d'Avila*, contribution de T. Alvarez, p. 139 *sq.*).

2. *Moradas*, *Prólogo*, p. 470 ; trad. fr. p. 519.

3. « ... Parce que je n'ai pas l'impression que le Seigneur me donne l'esprit à le faire, ni le désir », *Ibid.*

ce « bruit » qu'elle entend continuellement dans sa tête : « on dirait tout à fait qu'il y coule une quantité de fleuves abondants dont les eaux se précipitent en cataractes », écrira-t-elle plus loin[1]. Mais toutes les difficultés se laissent reconduire à la difficulté descriptive essentielle concernant ce qu'elle-même appelle le *surnaturel* et, plus justement encore, le *spirituel*. La difficulté fondamentale en effet est celle de la description de la *venue* et de la *présence de l'Esprit*. Il faudra, pour la surmonter, commencer avec rien, avec la seule nudité de l'obéissance pure : « Je ne trouvais rien à dire et ne savais comment mettre en œuvre mon obéissance [*cumplir esta obediencia*] », et se confier alors, à partir de là, à la venue de l'Esprit lui-même, non plus dans l'âme orante, mais, à présent, dans la langue elle-même, dans l'écriture (« Je suppliais Notre-Seigneur de parler pour moi »)[2]. Or, dans cette ouverture pure, non de l'oraison elle-même mais, à présent, de l'écriture (et originairement de l'obéissance, à laquelle celle-là appartient), qu'est-ce qui apparaîtra ? L'image, qui donnera au livre sa construction, du château, et par conséquent ce que Thérèse appellera plus loin une « comparaison », dont elle devra décrire la logique à ses sœurs : « Il faut absolument que vous suiviez attentivement cette comparaison »[3]. Cette logique de l'image devra les conduire à travers les différentes

1. *Moradas*, *Cuartas moradas*, cap. 1, p. 498 ; trad. fr. p. 558. *Cf.* déjà le « Prologue », *loc. cit.*

2. *Moradas, Primeras moradas*, cap. 1, p. 472 ; trad. fr. p. 521.

3. *Es menester que vais advertidas a esta comparación*, *Moradas, Primeras moradas*, cap. 1, p. 473 ; trad. fr. p. 522.

profondeurs de l'âme selon le chemin de l'oraison, qui à chaque fois en sera, ou pourra en être, selon le degré d'avancement des sœurs et les faveurs qu'elles reçoivent, la porte. Mais cette comparaison, qui doit décrire l'âme et ses différentes dimensions ou demeures, ne suffira pas. Il faudra encore décrire la libre venue en elle, dans les demeures du château et entrant par la porte de la prière, de celui qui n'est pas, en son essence, créaturel, l'Esprit. Or toute description est créaturelle, et ainsi toute image, toute figure. La question qui se pose à Thérèse est simple : quelle créature sera la figure adéquate pour la venue et la présence spirituelles, pour la présentation fidèle de la venue et de la vie de l'Esprit dans l'âme ? La réponse thérésienne ne laissera place à aucune hésitation : c'est *l'eau*. Or, de façon remarquable, c'est à l'approche des quatrièmes demeures de l'âme que la « comparaison » en apparaîtra : « Nous abordons en effet des choses surnaturelles, et il est fort difficile de les faire comprendre, à moins que Sa Majesté ne s'en charge »[1]. Il faut donc que l'Esprit Saint donne, inspire lui-même la figure créaturelle qui correspondra fidèlement à sa présence. Dans l'écriture comme dans l'oraison il faut que l'Esprit vienne lui-même, quoique d'une autre venue, l'écriture ne réaccomplissant les vécus de l'oraison que dans le souvenir et la langue qui doit les rappeler à la présence. Mais comment l'eau devra-t-elle servir à figurer l'Esprit et sa venue ? C'est au chapitre II des *Quatrièmes Demeures* que Thérèse s'en expliquera, dans un texte tout à fait décisif : « Je ne

1. *Moradas*, *Cuartas moradas*, cap. 1, p. 495 ; trad. fr. p. 554.

trouve rien de mieux approprié que cette comparaison de l'eau pour donner à voir certaines des choses de l'esprit [*Que no me hallo cosa más a propósito para declarar algunas de espíritu que esto de agua*] ; comme je ne sais pas grand-chose, que mon esprit ne m'aide guère et que j'aime tellement cet élément, je l'ai observé plus attentivement que d'autres choses [*que le he mirado con más advertencia que otras cosas*], même si toutes celles qu'a créées un Dieu si grand et si sage doivent recéler bien des secrets dont nous pouvons tirer profit ; et c'est ce que font ceux qui en ont l'intelligence, bien que je croie qu'il y a dans la plus infime des choses que Dieu a créées plus qu'on ne comprend, ne serait-ce que dans une minuscule fourmi »[1]. Thérèse a accordé la plus grande attention à l'eau : c'est elle, à présent, qui sera la figure de l'Esprit. Ce ne fut pas sans raison que Gaston Etchegoyen pensa, alors, à saint François :

> *Loué sois-tu, mon Seigneur, pour sœur Eau*
> *qui est très utile et très humble,*
> *précieuse et chaste*[2].

1. *Moradas, Cuartas moradas*, cap. 2, p. 499 ; trad. fr. p. 561.

2. Saint François d'Assise, *Cantique de frère Soleil ou des créatures*, *Documents. Écrits et premières biographies*, éd. par les R.P. T. Desbonnets et D. Vorreux, O.F.M., 2e éd., Paris, Éditions franciscaines, 1981, p. 170. G. Etchegoyen, *L'Amour divin. Essai sur les sources de sainte Thérèse*, Bordeaux-Paris, Bibliothèque de l'École des Hautes Études Hispaniques, 1923, p. 227 *sq.*, donne certains textes précieux de Francisco de Osuna et Bernardino de Laredo, ainsi que bon nombre de références aux textes de Thérèse. On se reportera aussi à la *Légende de Pérouse*, n° 51, *Documents*, trad. du R.P. D. Vorreux, p. 933 : « Quand il se lavait les mains, il choisissait un endroit où l'eau des ablutions ne serait pas ensuite foulée aux pieds ».

Thérèse se tient dans cette tradition franciscaine, et à vrai dire déjà biblique, et c'est à partir d'elle que les *Quatrièmes Demeures* vont construire, pour penser la « jouissance de Dieu » (*gustos de Dios*) la comparaison des « deux fontaines, avec deux bassins qui se remplissent d'eau », l'un par des canaux qui figurent la méditation, « parce que nous les faisons venir [les satisfactions, *los contentos*] par nos pensées, en nous appuyant dans la méditation sur les créatures, grâce au labeur de notre entendement »[1], l'autre recevant « à même la source », *en el mesmo nacimiento del agua*, et s'emplissant ainsi sans aucun bruit. Il faut s'arrêter, à côté de la méditation, qui est de nous, sur cette naissance silencieuse en nous de la source, ce jaillissement intérieur et secret venant de Dieu même. L'eau naît de Dieu lui-même, « avec une paix, une quiétude et une douceur extraordinaires, au plus intime de nous-mêmes »[2]. Dieu est la source intérieure, l'eau jaillit silencieusement du dedans, du plus retiré en nous-mêmes, et cette eau, selon Thérèse, cette joie et cette paix débordantes, *nous submergent alors entièrement, inondant le corps lui-même* : « Cette eau se répand et envahit toutes les demeures et puissances jusqu'à gagner le corps »[3]. Se demandant comment décrire cette provenance et cette surabondance, comment indiquer le lieu où naît en nous cette source débordante qui n'est pas de nous, Thérèse

1. *...con la meditación, porque los traemos con los pensamientos ayudándonos de las criaturas en la meditación y cansando el entendimiento*, *Moradas*, *Cuartas moradas*, cap. 2, p. 500 ; trad. fr. p. 561.

2. *de lo muy interior de nosotros mesmos*, *Ibid.*

3. *Ibid.*

doit déjà indiquer ce qui sera la découverte des *Septièmes Demeures*, et par conséquent le trait propre que nous y reconnûmes, le « secret » propre du mariage spirituel : « Il me semble pourtant que ce n'est pas – comme je dis – dans le cœur que cela prend naissance, mais dans quelque chose de plus profond, de plus intime [*sino de otra parte aún mas interior, como una cosa profunda*]. Ce doit être, je pense, au centre de l'âme [*el centro del alma*], comme je l'ai compris par la suite et comme je finirai par vous le dire, car je vois en nous-mêmes des secrets qui bien souvent me laissent pantoise »[1]. Thérèse décrira cette inondation et cette dilatation, rappelant le psaume 118, verset 32, chanté aux vêpres : *cum dilatasti cor meum*, cet « élargissement » (*ensanchamiento*) dans le flot de l'eau céleste qui sourd : « voilà que, dès qu'elle jaillit, tout gonfle en nous et s'élargit »[2].

Il faut alors revenir au jardin du *Livre de la vie* et à la comparaison déjà directrice que Thérèse, une première fois, justifiait par son manque d'instruction et la difficulté de « s'expliquer dans ce langage spirituel »[3]. Comment faire éclore des fleurs pour Sa Majesté sur une terre aride et « pleine de mauvaises herbes », pour qu'Elle y vienne souvent et y trouve contentement? Telle est l'unique question de l'oraison. Celle-ci par conséquent devra trouver l'eau, l'apporter, la guider. Il y en aura alors quatre modes, selon les quatre façons

1. *Moradas*, *Cuartas moradas*, cap. 2, p. 500 ; trad. fr. p. 562.

2. *Ibid.*

3. *Mas este lenguaje de espíritu es tan malo de declarar a los que no saben letras, como yo*, *Vida*, cap. 11, p. 71 ; trad. fr. p. 64.

dont l'eau pourra être dispensée au jardin, les unes plus laborieuses : « en tirant l'eau d'un puits, ce qui se fait à grand-peine », ou bien « au moyen d'une noria et de godets et en se servant d'une manivelle, comme je l'ai fait quelquefois, ce qui donne beaucoup moins de fatigue et apporte plus d'eau », selon les deux premières façons ; les autres plus aisées : « ou bien d'une rivière ou d'un ruisseau, ce qui arrose bien mieux, car la terre est bien plus gorgée d'eau, on n'a pas besoin d'arroser si souvent et le jardinier a beaucoup moins de travail » ou, selon la dernière façon, où il n'est plus de peine ni le moindre travail : « s'il pleut beaucoup, c'est le Seigneur qui arrose alors le jardin sans aucun effort de notre part, et c'est, sans comparaison, bien mieux que tout ce qui vient d'être dit »[1]. Les degrés de l'oraison correspondent à ces quatre façons d'arroser la terre de l'âme, en commençant par le « rude travail » (*harto travajo*) de la méditation et du recueillement des sens vers l'intérieur. Ce premier degré est aussi déjà le premier degré de la solitude, et « demeurer dans la solitude » sera toujours le commencement de toute cette peine consacrée à puiser l'eau. Mais « commencer à tirer l'eau du puits », c'est « avoir une bonne pensée », que seule « la faveur de Dieu » fera d'ailleurs advenir : car dès le commencement, *il n'y aura peut-être pas d'eau*, il est possible que « le puits soit à sec », et par conséquent, écrit Thérèse, c'est Dieu qui alors fera vivre les fleurs « sans eau » ! La vie d'oraison commencera peut-être dans l'aridité désertique, la détresse d'une eau

1. *Vida*, cap. 11, p. 71-72 ; trad. fr. p. 64-65.

introuvable : « du moins ne dépend-il pas de nous d'en trouver », note Thérèse. Et il est possible qu'une telle détresse de l'absence de l'eau ne soit jamais tout à fait laissée en arrière, jamais tout à fait dépassée, et que le jardin puisse, à chaque instant, redevenir désert : nous cherchons cette eau, « nous faisons ce que nous pouvons en bons jardiniers »[1], mais *il ne dépendra jamais de nous d'en trouver.* L'eau de l'oraison n'a jamais, selon Thérèse, qu'une seule provenance, qui n'est pas elle, qui n'est pas moi. Qu'est-ce que l'eau, alors ? Qu'est-ce que l'eau au commencement, alors qu'il n'y a peut-être pas d'eau, et, selon le second aspect du paradoxe thérésien pour un tel commencement, « l'eau que nous ne pouvons obtenir par nous-mêmes », mais seulement « avec la faveur de Dieu » ?

L'eau ici, répond Thérèse, « ce sont les larmes et, à défaut, un tendre sentiment intérieur de dévotion [*la ternura y sentimiento interior de devoción*] »[2]. Quel est le sens thérésien des larmes ? Les larmes sont l'eau première. Elles viendront toujours, chez Thérèse, avec la « tendresse », *ternura*. Et sainte Thérèse s'attachera à en décrire délicatement la venue : elles sont, elles aussi, données, larmes de joie, qu'il est cependant possible, presque de faire venir, du moins de laisser couler. Elle s'était expliquée assez précisément sur ce trait singulier des larmes au Livre X du *Livre de la vie*, lorsqu'elle cherchait à décrire ce qu'elle appelait justement « une tendresse continuelle [*muy continuo una ternura*] »,

1. *Vida*, cap. 11, p. 72 ; trad. fr. p. 66.
2. *Ibid.*

« une délectation » « ni tout à fait sensible, ni tout à fait spirituelle [*un regalo, que ni bien es todo sensual, ni bien es espiritual*] »[1]. Il n'est, jamais, qu'une seule source : « Tout est donné par Dieu ». Mais il est des considérations qui peuvent « nous aider beaucoup » – avant toute autre : celle de la Passion, autrement dit celle de l'amour de Dieu pour nous. Thérèse décrira minutieusement ce qu'elle voit alors naître dans la tendresse : « S'il s'y joint un peu d'amour, l'âme en fait ses délices, le cœur s'attendrit, des larmes viennent [*enternécese el corazón, vienen lágrimas*] ; parfois, il semble que nous nous forcions à les faire venir ; d'autres fois, le Seigneur paraît les faire couler sans que nous puissions y résister ». Telle est l'ambivalence des larmes, qui sont et ne sont pas de nous, qui sont, à la fois, « effort » et « don », et, précisément dans ce surcroît de ce qui nous est donné en elles, viennent toujours comme « consolation », *consuelo*, laquelle provient d'une sorte de regard qui s'ouvre alors en l'âme sur elle-même : « la consolation que trouve une âme quand elle voit qu'elle pleure pour un si grand Seigneur ; et je n'en suis pas surprise, car elle a plus d'une raison d'être consolée. Elle s'y délecte et s'en réjouit »[2]. Les larmes selon Thérèse apportent une consolation essentielle, lorsque l'âme voit qu'elle pleure, et elles appartiennent par conséquent, dans leur ambivalence, aux « joies de l'oraison ». Et Thérèse reviendra plus loin, avec une finesse extraordinaire dans la description, sur cette

1. *Vida*, cap. 10, p. 66 ; trad. fr. p. 57.
2. *Vida*, cap. 10, p. 67 ; trad. fr. p. 57.

ambivalence des larmes, et de l'effort qui est don : « Une seule de ces larmes que nous obtenons presque par nous-mêmes – bien qu'on ne fasse rien sans Dieu –, je ne crois pas qu'on puisse l'acheter avec tous les efforts du monde, parce qu'elle nous fait beaucoup gagner ; et quel meilleur gain y a-t-il que de contenter Dieu et d'en avoir le témoignage ? »[1] Ce que nous paraissons atteindre par nous-mêmes – nous est pourtant donné, comme par surcroît, dans la surabondance d'un don qui ne vient pas du monde. Et sainte Thérèse indique en passant un autre trait phénoménologique des larmes consolatrices : elles ont le sens du témoignage. Mais qu'attestent-elles au juste, et devant qui ? Elles nous montrent, à nous–mêmes, selon le rapport consolateur de l'âme à elle-même, que « nous contentons Dieu », autrement dit, selon Thérèse, non pas certes que nos œuvres le contenteraient, mais que nous sommes reçus par lui, admis en sa présence : celui-là, écrit-elle, « Dieu semble le vouloir désormais pour sa maison et le choisir pour son royaume, s'il ne fait demi-tour »[2]. L'âme pleure, ainsi, de voir que le Royaume ne lui est pas fermé. C'est Lui qui nous a aimés, et l'âme pleure toujours de sentir Son amour[3].

1. *Vida*, cap. 10, p. 67 ; trad. fr. p. 58.

2. *Ibid.*

3. La question de la provenance des larmes, en leur conjonction avec la tendresse, reviendra toujours. Ainsi au chapitre XXV : « Quel est celui-ci à qui obéissent toutes mes puissances et qui, en un instant, éclaire une si profonde obscurité, qui attendrit un cœur qui paraissait de pierre, qui répand l'eau de douces larmes là où tout semblait devoir rester longtemps dans l'aridité ? », *Vida*, cap. 25, p. 139 ; trad. fr. p. 166-167.

Les larmes ne quitteront plus l'âme orante. Elles reviendront, ainsi, au second degré de l'oraison, tel que le *Livre de la vie* le décrira à partir du chapitre XIV. Et comme l'oraison alors se sera approfondie, le travail et l'effort seront moindres, en sorte que désormais « l'oraison ne lasse pas, même si elle se prolonge; car l'entendement agit alors pas à pas et tire beaucoup plus d'eau qu'il n'en tirait du puits; les larmes que Dieu nous envoie sont mêlées de joie; on les sent couler sans les avoir recherchées »[1]. Plus le travail est aisé, plus le don apparaît, le don pur, le don des larmes : les larmes coulent toutes seules. Seules : il y a là un trait phénoménologique essentiel. L'âme s'efface et s'abîme dans ce qui lui est donné, si profondément qu'à la fin, lorsque sera atteint le quatrième et dernier mode de l'oraison selon la comparaison du jardin, l'âme paraîtra, dans la lettre même du texte de Thérèse, *fondre en larmes* : « L'âme retire de cette oraison et de cette union une extrême tendresse, si bien qu'elle voudrait fondre, non de douleur, mais en larmes de joie [*Queda el alma de esta oración y unión con grandísima ternura, de manera que se querría deshacer, no de pena, sino de unas lágrimas gozosas*]. Elle en est baignée tout entière sans l'avoir senti et ne sait ni quand ni comment elle les a versées; mais elle éprouve une grande délectation en voyant que ce feu ardent a été apaisé par une eau qui l'augmente encore »[2]. Baignée de larmes, disparaissant et s'effaçant dans les larmes, l'âme, et avec elle, et par elle, comme Thérèse l'a noté, le corps, se tient dans une

1. *Vida*, cap. 14, p. 84; trad. fr. p. 84-85.
2. *Vida*, cap. 19, p. 103; trad. fr. p. 112-113.

joie dont elle n'est pas elle-même la provenance, qu'elle n'a pas sentie venir, en laquelle elle-même se défait, se détache, disparaît (*deshacer*). Et c'est une ambivalence d'une autre sorte qui caractérise à présent les larmes, le bain de larmes qui submerge l'âme : elles sont l'eau qui est feu, qui apaise et qui accroît l'ardeur. Les larmes thérésiennes accomplissent cette unité de l'eau et du feu dans l'amour. Au plus haut de l'amour, l'eau est feu s'accroissant, s'intensifiant dans les larmes brûlantes. L'âme fond en larmes dans le feu, « le grand feu » de l'amour divin, lorsqu'elle voit lui manquer « les forces corporelles pour faire quelque chose pour lui », écrira Thérèse à la fin du chapitre xxx. Pour de telles âmes, les larmes ne sont alors rien d'autre que la façon dont elles brûlent en elles-mêmes, dans le feu de l'amour divin : « Comme elles n'ont pas la force de jeter un peu de bois sur ce feu et qu'elles meurent de crainte de le voir s'éteindre, elles se consument en quelque sorte en elles-mêmes et se réduisent en cendres et fondent en larmes et se brûlent [*paréceme que ella entre sí se consume y hace ceniza, y se deshace en lágrimas y se quema*], et ce tourment est aussi cruel que savoureux »[1]. Extraordinaires larmes d'eau et de feu, qui submergent l'âme qu'a touchée un amour plus grand qu'elle-même. Submergée par l'amour, l'âme pleure, l'âme est en feu.

Mais il faut revenir en arrière. Il est possible, comme nous le vîmes, qu'il n'y ait pas d'eau, qu'il n'y ait pas de larmes. Thérèse s'attachera longuement à ce désert, à cette aridité. Car le désert détient un sens d'abord

1. *Vida*, cap. 30, p. 165 ; trad. fr. p. 206.

caché. Lui aussi est fertile, secrètement, il n'est pas abandonné par l'Esprit. L'Esprit y vient justement en la figure de cette absence, en la figure de cette peine. « Que fera donc alors celui qui, depuis de longs jours, ne voit que sécheresse, déplaisir et fadeur [*sequedad y desgusto y dessabor*] ? »[1] Le « grand travail qui consiste à descendre maintes fois le saut dans le puits et à le remonter sans eau » gardera-t-il le moindre sens ? Oui. Car apparaît alors la pureté du *service*, en sa dimension spirituelle justement la plus profonde : si la consolation des larmes lui est refusée, une tout autre s'ouvre, inversée, qui ne pourra apparaître qu'en l'absence de toute consolation, la consolation de n'en recevoir aucune : dans le dur service, le désert spirituel, c'est l'Esprit lui-même qui est là, en une figure inverse. *Il est là, désormais, selon l'absence, selon la discrétion absolue de Dieu.* « Alors, je le demande, que fera ici le jardinier ? Se réjouir et se consoler et tenir pour une faveur insigne de travailler dans le jardin d'un si grand Empereur »[2]. La joie est la joie pure du service du Seigneur, sans consolation ni compensation : les larmes, qui lui donnaient de sentir la venue et l'ouverture du Royaume, sont absentes, avec la tendresse qui leur était toujours unie. Il reste la peine, le service pur, et la joie pure et secrète qui seule est accordée avec lui. Elle est accordée d'abord avec le Seigneur qu'elle sert, le Seigneur-Serviteur, avec l'accomplissement de son service, qui est sa Passion. C'est à elle que, dans le

1. *Vida*, cap. 11, p. 72 ; trad. fr. p. 66.
2. *Alegrarse y consolarse*, *Ibid.*

service aride, dans le désert spirituel, toute peine selon Thérèse doit être rapportée : « et qu'il aide ce maître à porter sa croix et se dise qu'il a vécu crucifié toute sa vie, et qu'il ne cherche point ici-bas son royaume, ni jamais ne renonce à l'oraison ; et qu'il prenne donc la décision, même si cette sécheresse devait durer toute sa vie, de ne jamais laisser le Christ tomber avec sa croix [*Y ansí se determine, aunque para toda la vida le dure esta sequedad, o dejar a Cristo caer con la cruz*] »[1]. *La décision du service est la décision de ne jamais laisser le Christ tomber avec sa croix.* Elle n'attend rien qui la consolerait, et chaque jour est le jour de la crucifixion. *Y piense que toda la vida vivió en ella*, écrit Thérèse : toute la vie du Christ a le sens de la Passion qui l'accomplit, toute sa vie a le sens de la croix. La croix fut le signe sous lequel se tint la vie du Seigneur-Serviteur, et c'est elle à présent que l'oraison veut porter et portera et ne voudra à aucun prix laisser, ne voulant, à aucun prix, le laisser lui-même tomber avec sa croix. Thérèse y reviendra dans presque tout ce qu'elle écrira. Ainsi le *Livre des Fondations* portera-t-il : « Qu'avez-vous possédé, mon Seigneur, si ce n'est des épreuves, des douleurs, des opprobres et, même, vous n'avez eu qu'un morceau de bois pour subir l'épreuve redoutable de la mort ? »[2]. Le *Chemin* remarque lui aussi que toute la vie du Christ ne fut rien d'autre qu'« une mort sans trêve »[3],

1. *Vida*, cap. 11, p. 73 ; trad. fr. p. 66.

2. *Libro de las Fundaciones*, cap. 10, dans *Obras completas*, *op. cit.*, p. 710 ; *Livre des fondations*, trad. fr. J. Pérez dans *Œuvres*, *op. cit.*, p. 318.

3. *Camino de perfección*, cap. 42, dans *Obras completas*, *op. cit.*, p. 415 ; *Chemin de perfection*, dans *Œuvres complètes*, trad. fr. par Mère

et les *Demeures* évoqueront encore les souffrances, plus grandes dans le cours de la vie du Christ que dans sa fin, dans la Passion elle-même[1]. Une telle absence de consolation fut en vérité dès le commencement au centre de l'oraison, telle que sainte Thérèse, dans le *Livre de la vie*, en relate le tournant spirituel décisif, à la suite de l'expérience de la vue de la statue du Christ couvert de plaies. Et c'est alors très précisément à *une autre oraison*, la prière de Gethsémani, qu'elle pensait : « Je goûtais tout particulièrement l'oraison du Jardin des Oliviers : c'était là que je lui tenais compagnie. Je pensais, si je le pouvais, à ses sueurs et à son affliction là-bas et je voulais lui essuyer ces sueurs si douloureuses [...] Pendant bien des années, presque tous les soirs, avant de m'endormir, je recommandais mon sommeil à Dieu ; et, à cet instant-là, je pensais toujours un peu à cette station de l'oraison du Jardin, et même avant d'être religieuse »[2]. L'oraison fut pour Thérèse dès le commencement l'oraison du Jardin, *la oración del Huerto*, et « rester près de lui » est, quel que soit le désert sans fin, quelle que soit la sécheresse, le sens spirituel fondamental de celle-ci.

La solitude thérésienne est ainsi originairement tournée vers la solitude du Jardin des Oliviers. Pascal sera encore le penseur de cette extrême solitude du Christ, et de la veille à laquelle en elle-même elle

Marie du Saint-Sacrement, éd. des Carmélites de Clamart revue par B. Sesé, Paris, Éditions du Cerf, 1995, rééd. 2023, p. 864.

1. *Moradas*, *Quintas moradas*, cap. 2, p. 515 ; trad. fr. p. 585. Cf. *Moradas*, *Séptimas moradas*, cap. 4, p. 579 ; trad. fr. p. 680.

2. *Vida*, cap. 9, p. 64 ; trad. fr. p. 53.

appelle, à chaque instant et à travers tout le temps : « Jésus sera en agonie jusqu'à la fin du monde. Il ne faut pas dormir pendant ce temps-là »[1]. Or la solitude de Gethsémani n'est pas la même que celle de la Passion, comme Pascal le remarquera : « Jésus souffre dans sa Passion les tourments que lui font les hommes, mais dans l'agonie il souffre les tourments qu'il se donne à lui-même ("*turbare semetipsum*"). C'est un supplice d'une main non humaine, mais toute-puissante : et il faut être tout-puissant pour le soutenir ». Pourtant, comme Pascal aussi le note, ce qui marque déjà la nuit de Gethsémani, comme la Passion selon Thérèse, c'est l'absence de consolation : « Jésus cherche quelque consolation au moins dans ses trois plus chers amis, et ils dorment ». Dans la nuit du Jardin, Pascal décrira ainsi la solitude absolue de Jésus : « Et ainsi Jésus était délaissé seul à la colère de Dieu ». « Jésus est seul dans la terre, non seulement qui ressente et partage sa peine, mais qui la sache; le ciel et lui sont seuls dans cette connaissance ». « Il souffre cette peine et cet abandon dans l'horreur de la nuit ».

La nuit de l'oraison selon Thérèse cherchait déjà à rejoindre la solitude absolue de Jésus, à se joindre à elle, et ainsi à ne pas le laisser seul, ne pas le laisser seul « dans l'horreur de la nuit ». *Ne pas le laisser tomber avec sa croix*, *ne pas le laisser seul au Jardin*, ne pas le laisser seul dans « l'oraison du Jardin », tel fut le commencement de l'oraison thérésienne, s'unissant,

1. Pascal, *Pensées*, 919a, éd. L. Lafuma, Paris, Points-Seuil, 2018 ; éd. E. Martineau, Paris, Fayard-Armand Colin, 1992, I, 3, p. 34.

dans sa nudité et dans sa pauvreté, à la solitude de Jésus. L'extrême aridité de l'oraison dans la solitude désertique de sa nuit sans eau et sans larmes ne trouve son sens spirituel le plus propre que lorsqu'elle est rapportée à « l'oraison du Jardin » et à la solitude de la Passion.

Ainsi eau et désert ont-ils le même sens fondamental : ils se tiennent dans la même obéissance, la même « résolution » (*esta determinación*) : « Nous ne sommes plus à nous, mais à lui », écrira Thérèse[1]. « S'il veut que ces plantes et ces fleurs poussent en donnant aux uns de l'eau à tirer de ce puits et pas d'eau aux autres, que m'importe ? » Que m'importe le désert, si je suis à lui, dans le service pur d'un tel Seigneur ?

À tous les degrés de l'oraison, tels qu'ils sont décrits dans le *Livre de la vie*, correspondra alors une certaine figure de l'eau apportée au jardin. Le second degré de l'oraison, que Thérèse appellera de quiétude, sera caractérisé par le repos que le jardinier pourra prendre parfois, interrompant son travail, puisant davantage d'eau, désormais, « au moyen d'une roue et de godets »[2]. Grâce à la roue, « l'eau est plus haute », « l'eau est plus proche de nous ». Thérèse traduit elle-même son image : « parce que la grâce se fait plus clairement connaître à l'âme ». Eau nouvelle, larmes qui s'écoulent toutes seules, « eau des bienfaits et des faveurs que le Seigneur accorde alors en abondance »[3] : Thérèse la comprendra comme recueillement (*recogerse*) des

1. *Vida*, cap. 11, p. 73 ; trad. fr. p. 67.
2. *Vida*, cap. 14, p. 84 ; trad. fr. p. 84.
3. *Vida*, cap. 14, p. 84 ; trad. fr. p. 85.

puissances, où seule la volonté est occupée à aimer, et même, « captive de celui qui l'aime »[1]. L'eau est à la fois l'image et le témoignage d'un tel amour, où la volonté n'est pas seulement aimante, où elle est dans l'amour, dans l'amour dont elle est aimée, un amour plus grand qu'elle-même, plus grand que son propre amour. Le troisième degré de l'oraison sera celui où la source s'écoule d'elle-même. Pour la première fois l'âme voit la source couler : « L'eau coule d'une rivière ou d'une fontaine et l'on arrose avec beaucoup moins de peine, bien qu'il en faille un peu pour acheminer l'eau »[2]. C'est presque le Seigneur qui, alors, est le jardinier, commente Thérèse, et dans cette oraison « l'eau se répand jusqu'à la gorge de cette âme »[3]. C'est avec une sorte de mort qu'il faut la comparer, « mourir presque entièrement à toutes les choses du monde », comme, pour une personne, mourir « de la mort qu'elle désire », lorsque toutes les puissances sont unies à Dieu, et lorsque la volonté doit seulement « consentir »[4]. Plus haute que celle de quiétude, cette oraison laissera même les puissances, l'entendement et la mémoire, s'affairer à des œuvres de charité, « presque en même temps », écrira Thérèse[5]. Mais le plus difficile sera de « dire quelque chose de la quatrième eau », où « l'âme sans comparaison jouit

1. *Vida*, cap. 14, p. 84 ; trad. fr. p. 84.
2. *Vida*, cap. 16, p. 93 ; trad. fr. p. 97.
3. *Ibid.*
4. *Sólo consiente la voluntad en aquellas mercedes que goza.* « La volonté consent simplement à ces faveurs dont elle jouit. », *Vida*, cap. 17, p. 96 ; trad. fr. p. 101.
5. *Vida*, cap. 17, p. 97 ; trad. fr. p. 103.

davantage, mais peut bien moins le faire connaître »[1]. Cette quatrième eau sera celle de l'union, telle que nous l'avons étudiée, « eau du ciel » qui donnera lieu à une description nouvelle du jardin, où « le parfum des fleurs est déjà si fort » qu'il donnera à d'autres âmes « le désir de s'en approcher », où la terre « n'est presque jamais sèche », quoiqu'elle puisse demeurer « toute terrestre » et ainsi retourner à la sécheresse si l'eau du ciel manque. Cependant, indique Thérèse, les âmes ne doivent pas se décourager. Elle écrit, dans la confiance absolue où elle se tient envers son Seigneur : « Les larmes gagnent toujours : une eau en attire une autre »[2].

Mais cette extrême attention thérésienne à l'eau vint s'unir à une figure évangélique qui retenait sainte Thérèse depuis longtemps. « Oh, que de fois je me rappelle l'eau vive dont le Seigneur parlait à la Samaritaine ! Aussi ai-je une prédilection pour cet Évangile ; déjà, quand j'étais enfant, je l'aimais sans comprendre l'excellence de ce bien et suppliais souvent le Seigneur de me donner de cette eau ; et, dans la pièce où je me tenais, j'avais une image représentant le Seigneur arrivant devant le puits, avec cette légende : *Domine, da mihi aquam* »[3]. La Samaritaine de l'Évangile de Jean était elle-même déjà, comme l'âme d'oraison selon Thérèse, celle qui venait « puiser l'eau »[4] au puits profond de Jacob, et c'est à elle que, le premier, Jésus demandait à boire. Or le

1. *Vida*, cap. 18, p. 99 ; trad. fr. p. 106-107.
2. ... *que lágrimas todo lo ganan ; un agua trai otra*, *Vida*, cap. 19, p. 104 ; trad. fr. p. 114.
3. *Vida*, cap. 30, p. 164 ; trad. fr. p. 205.
4. Jn 4, 7.

renversement de celui qui donne et de celui qui demande est aussi celui du sens de l'eau donnée, de cette eau que la petite Thérèse demandait déjà sans en connaître la vertu. Et le sens mystérieux de cette eau doit être rapporté à la figure de Celui qui la donne, c'est-à-dire au sens du don et du donateur : « Si tu savais le don de Dieu, et qui est celui qui te dit : Donne-moi à boire, c'est toi qui l'aurais prié et il t'aurait donné de l'eau vive »[1]. L'eau est l'eau vive, l'eau qui est vie, c'est-à-dire, dans le texte de Jean, l'eau qui mettra fin, pour toujours, à la soif, *parce qu'elle jaillira en source* : « Quiconque boit de cette eau aura soif à nouveau ; mais qui boira de l'eau que je lui donnerai n'aura plus jamais soif ; l'eau que je lui donnerai deviendra en lui source d'eau jaillissant en vie éternelle »[2]. L'oraison thérésienne cherchera elle aussi à remonter jusqu'à cette source, la fontaine et l'« eau du ciel » des troisième et quatrième modes d'oraison. L'âme orante de Thérèse est à nouveau la femme de Samarie qui vient puiser l'eau et voit l'eau devenir « eau vive », devenir source en elle, vie en elle.

Thérèse y reviendra dans un beau texte du *Chemin de perfection*. Elle y traite des âmes et entendements « contrariés » (*desbaratados*), comparables à « des gens qui, ayant une soif extrême, aperçoivent de loin une fontaine, et, voulant y aller boire, trouvent des ennemis

1. εἰ ᾔδεις τὴν δωρεὰν τοῦ θεοῦ καὶ τίς ἐστιν ὁ λέγων σοι· δός μοι πεῖν, σὺ ἂν ᾔτησας αὐτὸν καὶ ἔδωκεν ἄν σοι ὕδωρ ζῶν (Jn 4, 10).

2. πᾶς ὁ πίνων ἐκ τοῦ ὕδατος τούτου διψήσει πάλιν· ὃς δ'ἂν πίῃ ἐκ τοῦ ὕδατος οὗ ἐγὼ δώσω αὐτῷ, οὐ μὴ διψήσει εἰς τὸν αἰῶνα, ἀλλὰ τὸ ὕδωρ ὃ δώσω αὐτῷ γενήσεται ἐν αὐτῷ πηγὴ ὕδατος ἁλλομένου εἰς ζωὴν αἰώνιον (Jn 4, 13-14).

qui leur disputent le chemin à l'entrée, au milieu et à l'extrémité »[1]. Ils vont perdre courage : « Et peut-être n'étaient-ils alors qu'à deux pas à peine de cette source d'eau vive, dont Notre-Seigneur disait à la Samaritaine que *celui qui en boirait n'aurait plus jamais soif* »[2]. L'eau est don, elle est donnée par la source, bien que l'âme contrariée paraisse devoir la rejoindre en traversant les obstacles, et, si cette eau met fin à la soif telle que l'âme l'éprouvait jusqu'à ce qu'elle goûte à cette eau nouvelle, elle-même engendrera pourtant une tout autre soif, une soif toujours plus grande. L'eau vive ne désaltère pas au sens où elle étancherait simplement la soif, mais elle renverse, elle change le sens de la soif elle-même, elle est créatrice dans l'âme d'une soif nouvelle, et plus l'âme boira de cette eau, plus elle aura soif de cette soif nouvelle. Thérèse donnera une description précise de cette soif étrange, soif vive de l'eau vive, vivifiante : « Oui, qui boit de cette eau n'a plus soif d'aucune des choses de cette vie ; mais sa soif des choses de l'autre vie va croissant, et elle dépasse de beaucoup tout ce que la soif naturelle peut nous faire concevoir. Avec quelle ardeur l'âme désire brûler de cette soif dont elle comprend tout le prix ! C'est une soif souverainement douloureuse et pénible, et cependant elle est accompagnée d'un plaisir qui calme son ardeur. Ainsi, cette soif ne tue pas, elle rassasie et donne la mort aux désirs terrestres. Lorsque Dieu désire l'étancher, la plus grande grâce qu'il puisse alors faire à une

1. *Camino de perfección*, cap. 19, p. 311-312 ; trad. fr. p. 768.
2. *Camino de perfección*, cap. 19, p. 312 ; trad. fr. p. 768.

âme, c'est de la laisser altérée ; et en effet, chaque fois qu'elle boit de cette eau, elle aspire avec plus d'ardeur à s'en abreuver encore »[1]. L'eau vive est étrange : non seulement elle n'étanche pas la soif, mais elle la rend plus intense. L'eau vive est eau ardente, elle brûle, *elle est feu*, comme nous le vîmes des larmes. Cette eau ne fait qu'un avec le feu, et Thérèse, déplorant de ne pouvoir « conférer avec quelqu'un qui connaisse la philosophie, parce qu'une fois instruite des propriétés des choses, j'aurais le moyen de m'expliquer », distingue pourtant les trois propriétés de l'eau, dont « la première est de rafraîchir », qui éteint aussi, secondement, « un grand feu », mais, en troisième lieu, « non toutefois le feu de goudron, qu'elle enflamme au contraire davantage ». Et l'étrangeté de cette eau qui accroît l'ardeur du feu donne à présent la figure de l'eau vive que demandait, et que demande pour toujours, la femme de Samarie : « Ô Dieu ! quelle merveille je découvre dans ce phénomène d'un feu que l'eau ne fait qu'enflammer ! »[2].

Or tel est l'Esprit, et telle est l'eau figure de l'Esprit, l'eau que Thérèse avait choisie dans le *Livre de la vie*, entre toutes figures, pour donner une image de la vie spirituelle. Elle se portait et se tenait déjà par là dans le centre de l'entretien avec la Samaritaine et de sa révélation fulgurante : πνεῦμα ὁ θεός[3], et, tout autant, de l'entretien avec Nicodème qui le précédait dans l'Évangile : « En vérité, en vérité, à moins de naître

1. *Camino de perfección*, cap. 19, p. 312 ; trad. fr. p. 768-769.
2. *Camino de perfección*, cap. 19, p. 313 ; trad. fr. p. 769.
3. « Dieu est esprit » (Jn 4, 24).

d'eau et d'Esprit, nul ne peut entrer dans le Royaume de Dieu »[1]. « Naître d'eau et d'Esprit », cela voulait dire naître « de nouveau » ou « d'en-haut », ἄνωθεν, dans la liberté absolue de l'Esprit. Pour Thérèse, l'oraison se tient dans la liberté absolue de cette naissance, elle la laisse à nouveau advenir en elle, se confirmer en elle. L'oraison est une telle libre renaissance spirituelle, où l'eau monte, où l'eau est toujours plus haute, jusqu'à ce que l'âme soit entièrement immergée par elle, en elle. Dans l'oraison, l'âme est à chaque fois la femme de Samarie au puits de Jacob, venant puiser l'eau et demandant à celui qu'elle y rencontre sans le connaître l'eau vive grâce à laquelle, à la fois, elle n'aura plus jamais soif, et cependant éprouvera une soif toujours plus grande, toujours plus ardente. De cette eau, dans cette eau, elle renaît.

1. ἀμὴν ἀμὴν λέγω σοι, ἐὰν μή τις γεννηθῇ ἐξ ὕδατος καὶ πνεύματος, οὐ δύναται εἰσελθεῖν εἰς τὴν βασιλείαν τοῦ θεοῦ (Jn 3, 5).

CHAPITRE VI

FEU

> Ô Feu consumant, Esprit d'amour, « survenez en moi », afin qu'il se fasse en mon âme comme une incarnation du Verbe : que je Lui sois une humanité de surcroît en laquelle Il renouvelle tout son Mystère[1].

Après la mort de sainte Thérèse, saint Jean de la Croix devait écrire à Grenade un poème du feu, *La vive flamme d'amour*, qui devait lui-même donner lieu, dans le commentaire qu'en écrivit frère Jean à la demande de Doña Ana del Mercado y Peñalosa, à un authentique traité du feu[2]. Mais les descriptions de Thérèse formaient déjà un tel traité du feu spirituel. Gaston Etchegoyen, suivant la source franciscaine, avait une seconde fois raison de le distinguer d'abord de l'eau, dont nous vîmes pourtant qu'elle était, elle aussi, feu et flamboiement :

1. Sainte Élisabeth de la Trinité, 21 novembre 1904, *Œuvres complètes*, éd. du père Conrad de Meester, carme, Paris, Éditions du Cerf, 2023, p. 200.

2. *Llama de amor viva* : cf. *Introducción a la Llama, Vida y Obras de san Juan de la Cruz*, *op. cit.*, p. 883 *sq.* ; trad. fr. du seul poème par J. Ancet dans *Œuvres*, *op. cit.*, p. 874-875 ; du poème avec son commentaire par A. Bord, dans *Œuvres complètes*, *op. cit.*, p. 895 *sq.*

« L'eau est chaste et précieuse, mais elle est humble »[1]. De l'humilité de l'eau il faut distinguer la force du feu, laquelle inspire aussi la crainte. Et sans doute faudra-t-il entendre de la façon la plus précise et rigoureuse, dans la tradition du Carmel, les traits que lui reconnaissait déjà saint François :

> *Loué sois-tu, mon Seigneur, pour frère Feu,*
> *par qui tu éclaires la nuit :*
> *il est beau et joyeux,*
> *indomptable et fort*[2].

Que le penseur de la nuit obscure soit aussi celui du feu, de la « vive flamme », doit révéler un trait d'essence de l'amour, c'est-à-dire de l'Esprit. Mais comme nous vîmes l'eau flamboyer, saint Jean de la Croix a vu le feu spirituel rafraîchir : « Cette *flamme d'amour* est l'esprit de son Époux, qui est l'Esprit Saint, que l'âme sent désormais en soi non seulement comme un feu qui la tient consumée et transformée en suave amour, mais comme un feu qui, en outre, brûle en elle et jette flamme, comme j'ai dit; et, cette flamme, chaque fois qu'elle flamboie, baigne l'âme en gloire, et la rafraîchit en un flot de vie divine »[3]. Le feu de l'Esprit baigne, rafraîchit, désaltère, il est eau, feu-eau dans l'âme « transformée en amour », *transformada en amor, en suave amor*. Jean reviendra plus loin dans *La vive flamme* sur cette douceur du feu par laquelle il est eau et étanche dans

1. G. Etchegoyen, *L'Amour divin, op. cit.*, p. 232.

2. Saint François d'Assise, *Cantique de frère Soleil ou des créatures, op. cit.*, p. 170.

3. *Llama de amor viva*, Canción 1, *op. cit.*, p. 893 ; trad. fr. p. 905-906.

la vie toute cette soif qui est sienne, et il pensera alors, lui aussi, à la Samaritaine : « Oh chose admirable », écrira-t-il, « qu'en ce temps cette âme regorge d'eaux divines, en elles elle déborde comme une source abondante [*como una abundosa fuente*], qui de toutes parts regorge des eaux divines ! Parce que, bien qu'à la vérité cette communication dont nous parlons soit la lumière et le feu de ces flambeaux de Dieu, toutefois ce feu ici est (comme nous avons dit) si suave que, bien qu'il soit un feu immense, il est comme des eaux de la vie qui étanchent la soif de l'esprit avec l'impétuosité qu'il désire. De manière que ces flambeaux de feu sont des eaux vives de l'esprit comme celles qui vinrent sur les Apôtres (Ac 2, 3) qui, bien que flambeaux de feu, étaient aussi des eaux pures et limpides »[1]. L'eau, selon Thérèse, était, déjà, feu, le feu, selon Jean, est aussi eau, et Thérèse, comme elle avait observé l'eau avec la plus grande attention, décrivit aussi ce feu, avec une telle précision que son propre embrasement devait trouver un jour dans la blancheur irradiante du marbre, sous le ciseau du Bernin, sa figure la plus éclatante.

Thérèse a vu cette puissance et violence du feu naître dans l'âme, et elle en restitua l'expérience avec la plus grande netteté. Le feu naît dans ce qui est le cœur de l'Ordre réformé : il jaillit, il s'embrase dans l'oraison. La sainte décrit cet embrasement initial lorsque, dans le *Livre de la vie*, elle cherche à faire comprendre l'oraison de quiétude. La quiétude ou recueillement est

1. *Llama de amor viva*, Canción 3, *op. cit.*, p. 932-933 ; trad. fr. p. 954-955.

la naissance du feu, en elle surgit ce qui va provoquer l'incendie : « Cette oraison est donc une petite étincelle [*una centellica*] du véritable amour du Seigneur que celui-ci commence à allumer dans l'âme, et il veut que l'âme se mette à comprendre ce qu'est cet amour délectable »[1]. L'étincelle n'est pas causée par l'âme, et en effet lorsque l'âme cherchera à allumer elle-même un feu, elle l'éteindra plutôt : « Elle a beau se mettre à allumer le feu pour garder ces faveurs, il semble plutôt qu'elle jette de l'eau sur lui pour l'éteindre »[2]. Il faudra donc seulement abriter l'étincelle, la laisser engendrer dans l'âme « ce grand feu qui jette les flammes de l'immense amour divin dont Sa Majesté embrase les âmes parfaites »[3]. L'âme n'est pas la source du feu, parce qu'elle n'est jamais la source de l'amour : elle est aimée, et d'être aimée seulement lui vient l'aptitude à aimer, et d'abord à *se laisser aimer*[4], la possibilité de brûler, d'un feu qui l'embrase, selon la logique de l'amour dans l'âme, où la perfection propre de l'âme consiste à brûler d'un feu dont elle-même n'est pas, n'est jamais la provenance. Demeure-t-elle elle-même dans cet embrasement ? Et que fait-elle, ou que lui arrive-t-il ? Thérèse y reviendra plus loin, au sujet de l'oraison d'union, lorsqu'il lui faudra comprendre, ne pouvant recourir aux distinctions de l'École, comment

1. *Vida*, cap. 15, p. 88 ; trad. fr. p. 90.
2. *Vida*, cap. 15, p. 89 ; trad. fr. p. 91.
3. *Ibid.*
4. Cette tournure, comme on sait, donnera l'une des tonalités majeures de l'expérience propre d'Élisabeth de la Trinité (*Laisse-toi aimer*, octobre 1906, *Œuvres complètes*, *op. cit.*, p. 195 *sq.*).

l'âme unie, parfois, « sort d'elle-même », « tout comme un feu ardent qui devient une flamme, et ce feu vient à s'accroître parfois avec violence »[1]. Le feu jette des flammes, et ainsi l'âme sort d'elle-même, s'élève, en hautes intensités : « Cette flamme s'élève bien au-dessus du foyer, mais elle n'en diffère pas pour autant : c'est toujours la flamme du même feu »[2]. Il s'agira, dans la description thérésienne, du sens précis, dans l'union mais autre qu'elle, de l'élévation, « cette élévation de l'esprit et sa jonction avec l'amour céleste », et du vol de l'esprit qui apparaîtra plus loin : comme un feu plus grand dans le feu[3]. Thérèse y revient dans la *Relation V* de 1576 au Père Rodrigo Alvarez. Alors que l'âme et l'esprit, comme dans le *Livre de la vie*, ne lui paraissent pas pouvoir être distingués, cependant il se produit dans l'âme le flamboiement d'une flamme qui s'élève plus haut, et tel est le vol de l'esprit : « Cependant », écrit-elle, « représentez-vous un grand feu tout prêt à jeter des flammes : telle est la disposition de l'âme à l'égard de Dieu. Le feu, s'enflammant soudain, lance une flamme qui s'élève en haut ; mais cette flamme est de la même nature que le feu qui reste en bas, et tout en s'élevant, elle ne laisse pas pour cela d'être feu. Ainsi en est-il de l'âme. Soudain elle paraît lancer hors d'elle-même quelque chose de si rapide et de si délicat, qui monte à une région supérieure et va où il plaît au Seigneur. Il n'est pas possible d'expliquer la chose

1. *Vida*, cap. 18, p. 99 ; trad. fr. p. 107.
2. *Ibid.*
3. *Vida*, cap. 18, p. 100 ; trad. fr. p. 108-109.

davantage : cela ressemble à un vol, et je ne trouve pas d'autre comparaison »[1]. Dans l'union le feu brûle sans cesse, mais, en sa vie toujours jaillissante, des flammes s'élèvent, et l'esprit est cette flamme vive et subtile, « rapide » et « délicate », ce flamboiement d'un feu redoublant d'intensité. L'union n'est pas, alors, paisible foyer, mais *l'union flamboie, l'âme unie flamboie.*

Or ce feu, « ce feu de l'amour de Dieu » selon Thérèse, retrouve la puissance de « frère Feu » selon François : c'est, dans l'âme, un feu inextinguible, qu'aucune eau n'éteindra. Au contraire, comme nous le vîmes, il est une eau qui l'enflammera davantage, et quant à « l'eau qui tire son origine de la terre », « bien qu'elle lui soit opposée, elle n'a pas de prise sur lui. Ce feu est seigneur absolu, il n'est pas sujet »[2]. En face de l'humilité de l'eau, Thérèse fera valoir *la seigneurie du feu*, c'est-à-dire la seigneurie de l'Esprit. Le feu est seigneur sur toutes choses : « Vous comprendrez que le véritable amour de Dieu, lorsqu'il est dans sa force, c'est-à-dire entièrement libre des choses de la terre et planant au-dessus d'elles, est seigneur de tous les éléments et du monde lui-même »[3]. L'amour est seigneur, il étend sa seigneurie dans l'âme embrasée.

1. L'édition de la B.A.C. publie les *Relations* sous le titre *Cuentas de consciencia*. La *Relation V* est le texte 58, p. 625 *sq.* Ici : *Cuentas de conscientia*, dans *Obras completas*, *op. cit.*, p. 627 ; *Les Relations*, V, dans *Œuvres complètes*, trad. fr. par Mère Marie du Saint-Sacrement, éd. des Carmélites de Clamart revue par B. Sesé, Paris, Éditions du Cerf, 1995, rééd. 2023, p. 381.

2. ... *es ya señor absoluto ; no le está sujeto*, *Camino de perfección*, cap. 19, p. 313 ; trad. fr. p. 769.

3. *Ibid.*

Mais le feu n'embrase pas seulement Thérèse : il la *transperce* et, ainsi, il la blesse. Il faudra alors étudier les diverses relations qui ont trait de près ou de loin à la *transverbération*, que le marbre romain devait exalter, avec la beauté transfigurée de Thérèse « transformée en amour ». Que voit exactement Thérèse, comment le voit-elle, en quel sens du « voir », et que sent-elle, à nouveau en quel sens, et à quelle profondeur, du « sentir » ? Avant tout : ce que sent Thérèse est toujours senti à partir de l'Évangile. Le transpercement, lui aussi, est d'abord à rapporter à une telle provenance. Il est celui, johannique, de Jésus sur la croix : *sed unus militum lancea latus eius aperuit* (Jn 19, 34), *videbunt in quem transfixerunt* (Jn 19, 37)[1]. Il est aussi, pour Thérèse, celui de Marie : *et tuam ipsius animam pertransiet gladius* (Lc 2, 35)[2]. Thérèse rapportera elle-même le sien à Notre-Dame, quoiqu'elle l'en distingue aussi. Dans la fameuse Relation 15 des 15-16 avril 1571, consignant la description d'une autre expérience, différente de la vision chérubinique, ladite expérience de Salamanque, où le ravissement suivit le chant d'Isabelle de Jésus sur « le tourment de vivre loin de Dieu », elle évoque le transpercement par la douleur : « Maintenant que cette douleur a encore augmenté d'intensité, elle arrive jusqu'à ce transpercement [*transpasamiento*] dont je viens de parler, et je comprends mieux celui de Notre-Dame.

1. « Mais l'un des soldats, de sa lance, lui perça le côté. » ; « Ils regarderont celui qu'ils ont transpercé. », *Bible de Jérusalem*.

2. « Et toi-même, une épée te transpercera l'âme ! », *Bible de Jérusalem*.

Jusqu'ici, je le répète, je n'avais pas su ce que c'était qu'un transpercement »[1]. Être transpercée de douleur, dans ce que Thérèse appelle une « extase de douleur », *enajenamiento de pena*, tel est le centre de l'expérience ici décrite, et Thérèse évoquera à nouveau plus loin le transpercement de Notre-Dame : « La douleur l'avait tant absorbée et transpercée [*la pena la tenía tan absorta y traspasada*], que d'abord elle ne revint pas à elle pour goûter une telle joie », celle de la présence du Seigneur se montrant à elle (« aussitôt après sa résurrection il s'était montré à Notre-Dame »)[2]. Pourtant, si Thérèse accède peut-être en quelque mesure au transpercement de Marie, elle comprend en même temps que sa douleur ne saurait être comparée à celle de la mère de Jésus : « Je compris par là que le transpercement de mon âme est autre que le sien, et bien différent. Mais alors, quel a dû être celui de la très Sainte Vierge ! »[3].

Thérèse a plusieurs fois décrit un tel transpercement, dont le trait n'est pas toujours enflammé, mais qui la traverse toujours en une sorte d'embrasement d'elle-même, dans un brasier, un incendie où elle est elle-même à chaque fois jetée. À chaque fois aussi, elle a noté l'ambivalence de ce qu'elle sent, qui la conduit jusqu'à la volonté de mourir, de mourir de cette mort-là. L'une des descriptions les plus attentives se trouve au chapitre XXIX du *Livre de la vie*. Thérèse y relève d'abord

1. *Cuentas de conscientia*, *op. cit.*, 13, p. 599 ; *Les Relations*, XV, *op. cit.*, p. 394.

2. *Cuentas de conscientia*, *op. cit.*, 13, p. 599 ; *Les Relations*, XV, *op. cit.*, p. 395.

3. *Ibid.*

la nécessité de se garder de certaines « ferveurs » (*devociones*) et « emportements » (*aceleramientos*). Et ce n'est pas la seule fois qu'elle invoquera, contre eux et contre la faiblesse naturelle, la garde de la raison : « De même faut-il alors que la raison s'arrête en tirant sur les rênes, afin de couper court à une impulsion naturelle »[1]. Mais justement ce qu'elle entend alors décrire est tout autre chose, d'une tout autre sorte, et, lui, *sobrenatural*, ce qui veut dire au fond, lorsqu'il requiert pourtant l'analogie comme seul chemin, incomparable : « Ces autres élans [*impetus*] sont très différents »[2]. C'est un feu, le feu a pris, et il grandit sans que nous le nourrissions. *Nous sommes jetés dans le feu* : « Ce n'est pas nous qui jetons le bois, mais on dirait qu'une fois le feu allumé on nous jette dedans pour y brûler »[3]. Le feu n'est pas, rigoureusement, en elle, elle ne l'a allumé ni ne l'alimente, c'est elle qui est dans le feu, et il n'est en elle qu'au sens où il la pénètre, et cette sorte de renversement, par lequel ce qui lui arrive, dans l'âme et dans le corps, est d'abord *une dimension dans laquelle elle entre*, par laquelle elle est saisie tout entière, fut un trait phénoménologique majeur de toute son expérience, qui en vérité nous livrera le sens de l'amour thérésien. Car le feu est le flamboiement de l'amour, l'intensification d'un amour mystérieux qui

1. *Vida*, cap. 29, p. 156 ; trad. fr. p. 193.

2. *Vida*, cap. 29, p. 157 ; trad. fr. p. 194. *Cf.* plus haut (156/192) : « Car il n'y a pas moyen de comparer ce qui est surnaturel à ce qu'on voit ». Il n'y a pas moyen – et cependant, pour le décrire, il n'y a pas d'autre moyen.

3. *Ibid.*

ne cesse de grandir (« je sentis croître en moi un très grand amour pour lui, sans savoir qui me l'inspirait, car il était fort surnaturel et je ne le recherchais pas »[1]), et cet amour lui-même, qui n'est amour pour Lui que d'être d'abord l'amour que Lui-même me porte, est l'expérience à la fois de la présence et de l'absence, de la présence de Dieu dans son absence, Lui-même se retirant et se faisant sentir justement ainsi : « Vous vous dérobiez à moi [*Ascondíadesos de mí*], mais votre amour m'étreignait dans une mort si délectable, que jamais l'âme n'aurait voulu en sortir »[2]. « Votre amour », *vuestro amor*, est non pas seulement celui que Thérèse éprouve, et qu'elle vient de décrire comme désir de voir Dieu[3], mais, originairement et plus amplement, celui qui l'étreint, dans lequel elle est entrée et dans lequel elle brûle, demeurant en lui comme dans une sorte de mort. L'amour n'est pas un affect de l'âme, mais la dimension dans laquelle elle est jetée, et, ainsi, feu, où elle-même brûle : car en vérité il est d'abord « le grand amour que le Seigneur lui porte », et c'est Lui qui a mis le feu en elle : « Elle voit clairement qu'elle n'a rien fait pour attirer cet amour, mais du grand amour que le Seigneur lui porte semble être tombée soudain en elle cette étincelle qui l'a embrasée tout entière »[4]. L'amour de l'âme pour Dieu a pour source, pour dimension natale dans laquelle une fois pour toutes il se tient, l'amour de

1. *Vida*, cap. 29, p. 156; trad. fr. p. 193.

2. *Ibid.*

3. « Je me voyais mourir du désir de voir Dieu [*morir con deseo de ver a Dios*] et ne savais où trouver cette vie, si ce n'est dans la mort. », *Ibid.*

4. *Vida*, cap. 29, p. 157; trad. fr. p. 194.

Dieu pour l'âme, et l'aimer, Lui, ne veut rien dire d'autre qu'entrer dans ce grand amour, entrer dans ce feu de Son amour. Or c'est au cœur de ce feu mystérieux, feu de présence et d'absence, qu'elle va sentir la violence du transpercement : « L'âme ne cherche pas à raviver cette plaie de l'absence du Seigneur, mais on lui enfonce une flèche au plus profond des entrailles et du cœur à la fois, si bien qu'elle ne sait plus ce qu'elle a ni ce qu'elle veut »[1]. Est-ce l'âme, ou le corps, ou plutôt peut-être, étrangement et d'une expression thérésienne à la fois phénoménologiquement la plus précise et la plus difficile à entendre, et qui reviendra chez saint Jean de la Croix, *l'âme en sa chair, l'âme en son cœur, l'âme en ses entrailles* ? Est-ce l'expérience une du transpercement de tout ce que je suis par l'Esprit, dont nous vîmes que jamais, pour Thérèse, il n'épargna vraiment le corps ?[2] Mais il faudra pourtant distinguer du corps cette intimité *en quelque façon* charnelle de l'âme, qui relève, selon Thérèse, de la nécessité et de la pauvreté de la *comparación*. Tout ce que l'âme ressent, à suivre les paradoxales descriptions de Thérèse, il faut dire qu'elle le ressent *comme en sa chair*, ce qui ne veut pas dire dans son corps, mais dans la chair qui alors paraît

1. *No procura el alma que duela esta llaga de la ausencia del Señor, sino hincan una saeta en lo más vivo de las entrañas y corazón a las veces, que no sabe el alma qué ha ni qué quiere*, *Ibid.*

2. C'est là une difficulté classique des études mystiques, particulièrement thérésiennes, qui renvoie à la source évangélique (les plaies du Christ) et conduit à rapprocher transverbération et stigmatisation. On consultera l'article « Transverbération », dû à P. Adnès, du *Dictionnaire de Spritualité*, t. XV, Paris, Beauchesne, rééd. 2020, col. 1174 *sq.*

être authentiquement sienne : il n'est pas de douleur ni de désir de l'âme qui ne concernent la « chair » qui est sienne, sa « profondeur », son « centre », son « cœur » et ses « entrailles ». Le corps charnel, son cœur et ses entrailles, sont devenus images pour la profondeur de l'âme. Dans la douleur du transpercement, l'âme, ainsi atteinte en son cœur, est jetée hors d'elle-même, jetée dans une sorte d'absence à elle-même où « elle ne sait plus qui elle est » : absence à elle-même dans la douleur de l'absence de Dieu, et une telle absence double est elle-même une sorte de mort qui fera naître en elle le désir de mourir, de mourir de la mort corporelle, de « notre sœur la Mort corporelle », comme avait écrit François[1] : « elle perdrait de bon gré sa vie pour Lui », « l'âme, je l'ai déjà dit, voudrait sans cesse mourir de ce mal »[2]. « Vouloir mourir », ainsi, fut l'une des volontés les plus fortes que Thérèse vit naître en elle, et qu'elle eut à combattre le plus fortement, pour demeurer, c'est-à-dire demeurer dans la souffrance de l'amour. Elle décrivit cette peine dans la plus fameuse de ses poésies :

Vivo sin vivir en mí
Y tan alta vida espero
Que muero porque no muero.

Je vis sans vivre en moi
et espère vie si haute
que je meurs de ne pas mourir[3].

1. Saint François d'Assise, *Cantique de frère Soleil ou des créatures*, *op. cit.*, p. 170.

2. *Vida*, cap. 29, p. 156 ; trad. fr. p. 194.

3. *Poesías*, *Obras completas*, *op. cit.*, p. 654. On trouvera la traduction du poème en *Œuvres complètes*, *op. cit.*, p. 1221-1223.

Le désir de mourir est lié à cet amour et à cet embrasement, il naît dans le feu qui brûle en l'âme de cette vie charnelle, et qui est déjà le feu d'une vie plus haute, le feu de la Vie dans la vie charnelle.

C'est alors, dans ce même chapitre XXIX du *Libro de la Vida*, que Thérèse va décrire l'étrange vision[1]. Elle l'introduira avec quelque solennité : « C'est alors qu'il a plu au Seigneur de m'accorder parfois cette vision [*esta visión*] »[2]. Or « voir » ici doit s'entendre en un sens différent de ce que fut l'ordinaire des « visions », au sujet desquelles Thérèse s'était précédemment expliquée. « Voir » était alors plutôt « sentir », sentir la présence du Seigneur : « Je le vis en oraison tout près de moi ou, pour mieux dire, je sentis, car je ne vis rien avec les yeux du corps ni avec ceux de l'âme, mais j'eus le sentiment que le Christ était à mon côté et je crus voir que c'était lui qui me parlait »[3]. C'est tout autrement que « voir », à présent, en ces très rares visions, est *voir*, dans l'espace et son orientation, *une figure corporelle* : « Je voyais près de moi un ange, à ma gauche, sous une forme corporelle, qu'il ne m'arrive de voir que très rarement. Des anges ont beau souvent m'apparaître, je ne les vois que très rarement ; cette vision est comme la première de celles dont j'ai

1. Pour les sources et les principaux éléments d'une description, on pourra se reporter à l'article « Transverbération » du *Dictionnaire de Spiritualité* cité plus haut, p. 155, n. 2.

2. *Vida*, cap. 29, p. 157 ; trad. fr. p. 195.

3. *...vi cabe mí u sentí, por mijor decir, que con los ojos del cuerpo ni de el alma no vi nada...*, *Vida*, cap. 27, p. 157 ; trad. fr. p. 173.

parlé »[1]. La « représentation » n'est pas la « vision », et « apparaître » ne veut pas toujours dire « être vu » : dans la phénoménologie thérésienne, il y a plusieurs sortes de vision, ou plutôt divers modes d'apparaître, et la « vision », au sens propre du mot, n'est accordée que très rarement. Or, avec la transverbération, ce fut une vision dans l'espace, qui fut d'abord *vision de radieuse beauté* : « Dans celle-ci, le Seigneur a voulu que je le voie [l'ange] sous cette forme : il n'était pas grand, mais plutôt petit, d'une grande beauté ; son visage très enflammé [*el rostro tan encendido*] paraissait indiquer qu'il était l'un des plus élevés, qui semblent tout embrasés [*que parecen todos se abrasan*]. Ce doivent être ceux qu'on appelle chérubins ; ils ne me disent pas leurs noms, mais je vois bien qu'au ciel il y a tant de différences de certains anges à d'autres, et de ceux-ci à d'autres encore, que je ne puis l'expliquer »[2]. L'ange qui paraît est ange de feu, ange embrasé. Thérèse a-t-elle à l'esprit la vision des chérubins d'Ézéchiel, dont s'était souvenu Denys ?[3] Le prophète vit (« Je regardai ») les chérubins à la droite du Temple, il vit « l'homme vêtu

1. *vía un ángel cabe mí hacia el lado izquierdo en forma corporal, lo que no suelo ver sino por maravilla. Aunque muchas veces se me representan ángeles, es sin verlos, sino como la visión pasada que dije primero*, *Vida*, cap. 29, p. 157 ; trad. fr. p. 195.

2. *Vida*, cap. 29, p. 157-158 ; trad. fr. p. 195.

3. Ez 10. Denys l'Aréopagite, *La Hiérarchie céleste*, VIII, 2, éd. R. Roques, G. Heil, M. de Gandillac, « Sources chrétiennes » n° 58, Paris, Éditions du Cerf, 1958, p. 126-127 : « Que dire de l'Ange [...] qui, le premier, *prit du feu entre les Chérubins*, ou encore (ce qui démontre plus remarquablement la belle ordonnance des Anges) de cette scène où l'on voit les Chérubins remettre le feu entre les mains de l'Ange qui a revêtu la belle étole [...] ».

de lin » porteur d'une écritoire de scribe recevoir d'un chérubin le feu « qui était au milieu des chérubins », il vit le char des chérubins. Et la carmélite ne porte-t-elle pas en elle depuis le commencement le feu prophétique, le feu appelé par Élie sur le mont Carmel – Élie, le prophète qui fut lui-même emporté par le feu ?[1] Il est sûr du moins que les visions thérésiennes retrouvent précisément des visions prophétiques le feu et la puissance du feu. Mais le feu du chérubin est en Thérèse devenu *feu dévorant de l'amour*. L'ange flamboyant du Seigneur est tout entier embrasé d'amour, et il transmet son feu. Tel est le transpercement, et plus précisément la *transverbération* où Thérèse est transpercée par le feu, la pointe de feu : « Je voyais dans ses mains un long dard en or [*un dardo de oro largo*] dont la pointe de fer portait, je crois, un peu de feu. Parfois, il me semblait qu'il me l'enfonçait dans le cœur plusieurs fois et qu'il m'atteignait jusqu'aux entrailles »[2]. La pointe lui traverse le cœur, à plusieurs reprises, c'est-à-dire le cœur ou les entrailles de l'âme, l'amour flamboyant la transperce plusieurs fois, comme par une insistance de son Seigneur, qui ne la laisse trouver le repos, ni ne l'épargne. Mais la pointe du chérubin ne la transperce pas seulement, elle est arrachée de son cœur, et la douleur est immense et nouvelle lorsque la pointe de feu se retire : « Lorsqu'il le retirait, on eût dit qu'il m'arrachait [les entrailles], me laissant tout embrasée d'un grand

1. 1 R 18, 24 et 2 R 2, 11. *Cf.* Si (*L'Ecclésiastique*) 48, 1 : « Alors le prophète Élie se leva comme un feu, / sa parole brûlait comme une torche ». Le feu qui embrase tout le Carmel est encore le feu d'Élie.

2. *Vida*, cap. 29, p. 158 ; trad. fr. p. 195.

amour de Dieu [*y me dejava toda abrasada en amor grande de Dios*]. La douleur était si vive, qu'elle me faisait pousser ces plaintes dont j'ai parlé, et la douceur qu'elle me procure est si extrême, qu'on ne saurait désirer qu'elle cesse et l'âme ne peut se contenter de rien de moins que de Dieu »[1]. *Dolor* et *suavidad* dans cet amour reçu sont liées d'une façon essentielle, la douleur même procurant douceur. Telle est l'œuvre du feu transperçant, de douleur et de douceur unies, dans une ambivalence où elles ne peuvent être déliées. La description donnée par Thérèse de la douleur et de la douceur les rapporte l'une et l'autre à l'esprit ou à l'âme, bien qu'elles ne soient pas sans affecter le corps, comme tout ce qu'il est donné à Thérèse de vivre : « Ce n'est pas une douleur corporelle, mais spirituelle, bien que le corps n'y manque pas d'y participer un peu, et même beaucoup. Ce sont de si doux échanges entre l'âme et Dieu, que je le supplie de bien vouloir les faire goûter, dans sa bonté, à quiconque penserait que je mens »[2]. À vrai dire, *c'est une seule et même sensation*, qui est, ainsi, douleur suave, peine qui est pleine de douceur, *sensation absolument nouvelle*, qui ne fut jamais sentie et que Thérèse cherche à retenir, et qui paraît déjà la faire sortir de la création : « Tout le temps que cela durait, j'étais comme hébétée [*embovada*], je n'aurais voulu ni voir ni parler, mais étreindre ma peine [*sino embrazarme con mi pena*] qui était pour moi une plus grande béatitude que toutes celles du monde créé »[3]. Étreindre ou embrasser

1. *Vida*, cap. 29, p. 158 ; trad. fr. p. 195.
2. *Ibid.*
3. *Ibid.*

sa peine, afin de la garder et retenir, cette peine plus haute que toute joie en ce monde, car elle est déjà sensation d'une « vie plus haute ». Thérèse sent alors en un sens nouveau du sentir, et la contradiction, ou du moins l'ambivalence, est le seul moyen pour tenter de décrire ce qui l'a transpercée. Le *Livre de la vie* fut entièrement la tentative de décrire ce qui lui fut envoyé et donné d'une façon si radicalement nouvelle, ce qui fut senti par elle, en elle, en un sens nouveau de la sensation, donnée à la fois dans l'âme et dans le corps, en tant que douleur et peine et en tant que douceur et joie, c'est-à-dire en tant qu'amour. L'étrange transverbération concentre ainsi en elle l'extraordinaire tension de l'apparaître qui est le caractère phénoménologique de l'expérience de Thérèse : ce qui se donne à elle se donne toujours dans l'ouverture de la Bible, à chaque fois selon la Parole de Dieu, mais dans une sorte d'effraction par rapport à l'ordre selon lequel apparut tout ce qui jamais apparut, dans une modification essentielle, dans un renversement radical du sentir et du sensible.

Thérèse reviendra à plusieurs reprises, dans les années du mariage spirituel, sur le transpercement. Elle pensera alors à nouveau, dans les *Sixièmes Demeures* du *Château*, à la blessure d'une flèche, qui l'atteint puis est arrachée, selon la même ambivalente douleur suave de l'amour dans l'âme : « … Je sais que cette peine semble l'atteindre jusqu'aux entrailles et que, lorsque celui qui la blesse lui enlève la flèche, elle a vraiment l'impression que les entrailles sont arrachées avec, si vif est le sentiment d'amour qui l'anime »[1]. Et

1. *Moradas*, *Sextas moradas*, cap. 2, p. 529 ; trad. fr. p. 604.

que la flèche soit enflammée, ou que, même, elle soit feu, c'est ce qu'atteste l'immédiate transposition de Thérèse, pensant au grand feu, à l'étincelle qu'il jette et qui enflamme : « Voilà aussi ce qu'à l'instant j'étais en train de me dire : que du feu de ce brasier ardent qu'est mon Dieu devait sauter quelque étincelle qui, en retombant sur l'âme, lui faisait ressentir la brûlure de ce feu, et comme ce n'était pas encore assez pour la consumer et que cette brûlure est si douce, elle reste avec sa peine tandis qu'en la touchant l'étincelle provoque cette opération d'amour »[1]. *Tan deleitoso, queda con aquella pena* : il y a tant de douceur qu'elle « demeure avec sa peine », car cette douceur n'appartient pas à la création, et il n'est pas possible de la garder ni retenir, de la tenir vraiment. Tel est l'amour, attestation de ce qui *n'appartient pas au monde, brûle le monde et tout ce qui est du monde*, et le feu, ainsi, est « la meilleure comparaison », *la mejor comparación*[2], parce qu'il jette des étincelles, brûle, enflamme sans consumer encore, et ainsi parce que « frère Feu » est puissant, « indomptable et fort », image de la puissance de l'amour, portant en lui « l'amoureuse douleur », *aquel dolor amoroso*[3].

Et c'est encore un autre aspect du transpercement qu'éclaircira le chapitre XI des *Sixièmes Demeures*, où Thérèse revient peut-être à l'évocation de l'extase de Salamanque : c'est un coup qui frappe soudain, la flèche frappant avec la soudaineté de l'éclair. Cette

1. *Moradas*, *Sextas moradas*, cap. 2, p. 529 ; trad. fr. p. 605.

2. « Cette fois, je crois bien que c'est la meilleure comparaison que j'aie réussi à donner », écrit joyeusement Thérèse (*ibid.*).

3. *Moradas*, *Sextas moradas*, cap. 2, p. 530 ; trad. fr. p. 605.

indication est de grande importance, car elle atteste aux yeux de Thérèse que l'amour ne vient pas de nous : l'amour qui est nôtre, celui dont nous sommes capables en nous-mêmes et par nous-mêmes, n'est, en comparaison avec celui qui frappe alors, « rien qu'un feu qui fait de la fumée et qui, même si c'est avec peine, est supportable »[1]. Mais dans le cas qui la retient le coup est inattendu, il frappe, dans la divagation de l'âme « s'embrasant en elle-même » (*andándose ansí esta alma abrasándose en sí mesma*) : alors « il arrive souvent … qu'est frappé un coup provenant d'ailleurs (on ne comprend ni d'où ni comment), comme si on était frappé d'une flèche de feu [*venir de otra parte – no se entiende de dónde ni cómo – un golpe, u como si viniese una saeta de fuego*] »[2]. La flèche de feu est foudre, elle ne vient pas de nous, et ce qui vient ainsi à nous n'est pas lui-même du monde, n'étant comparable à rien de ce qui vient ordinairement à nous, ou de nous, dans la dimension du monde : « Je ne veux pas dire que c'est une flèche, mais, quoi que ce soit, on voit clairement que cela ne peut venir naturellement de nous »[3]. « Notre naturel » n'est pas capable de cet amour, qui n'est pas à notre mesure et dont nous ne sommes pas la mesure, et ainsi il n'est pas « supportable », comme l'est tout amour humain. Et en vérité cette analogie elle-même ne convient pas : comme il y eut un voir qui n'était pas un voir, « même si je dis "coup", ce n'est pas non plus

1. *Moradas*, *Sextas moradas*, cap. 11, p. 563 ; trad. fr. p. 658.
2. *Ibid.*
3. *se ve claro que no podía proceder de nuestro natural*, *Ibid.*

un coup, mais la blessure est bien plus aiguë »[1]. Aucun coup ne nous frappa jamais ainsi, aucun ne nous atteignit jamais à une telle profondeur charnelle de l'âme. C'est une blessure nouvelle, une brûlure absolument inconnue. Qu'est-ce qui causa cette blessure ? Nous ne pouvons qu'en apercevoir la profondeur, non l'origine, encore celle-là est-elle difficile à décrire : « Ce n'est pas là [*no es adonde*] qu'ici-bas nous ressentons les peines », écrit Thérèse de façon encore indécise. Quant à ce lieu « il me semble que c'est au plus profond et au plus intime de l'âme [*en lo muy hondo y íntimo del alma*] ». La profondeur de cette souffrance en moi est alors la plus difficile à rejoindre. La flèche de feu qui est foudre consume tout ce qu'elle rencontre, et cette sorte-là d'amour brûle dans l'âme tout ce qui est du monde : « Là, ce coup de foudre, qui passe subitement, réduit en poussière tout ce qu'il trouve de terrestre dans notre nature »[2]. La flèche de feu embrase et consume le cœur terrestre, le cœur charnel, le « cœur fermé à tout cœur » que chacun porte seul[3], et le cœur n'est plus que cette douleur, les puissances sont « ligotées », l'âme a perdu la mémoire de son être, ne demeure que la douleur pure dans la profondeur de l'âme, douleur de

1. *Moradas*, *Sextas moradas*, cap. 11, p. 563 ; trad. fr. p. 658.

2. *Ibid.* : *adonde este rayo, que de presto pasa todo cuanto halla de esta tierra de nuestro natural y lo deja hecho polvo.*

3. Saint Augustin, *En. in Ps* 55, 9 (éd. M. Dulaey, Bibliothèque Augustinienne, vol. 60, Paris, Institut d'études augustiniennes, 2021) : *In hac peregrinatione carnalis vitae quisque cor suum portat, et omne cor omni cordi clausum est.* « Dans cette pérégrination de la vie charnelle, chacun porte son cœur, et tout cœur est fermé à tout cœur ».

la séparation d'avec Sa Majesté[1], qui laissera le corps « tout disloqué », *muy descojuntado*[2].

En son grand traité du Feu, *Llama de amor viva*, saint Jean de la Croix devait donner de la singulière expérience de Thérèse, à travers l'exégèse de son propre poème, une interprétation trinitaire extraordinaire, qui voulut cependant aussi, peut-être, en préciser la nature, dans la fidélité la plus grande, pourtant, aux données de la description thérésienne[3].

¡Oh cauterio suave!
¡Oh regalada llaga!

Oh cautère suave !
Oh délicieuse plaie !

1. *Moradas*, *Sextas moradas*, cap. 11, p. 563 ; trad. fr. p. 658.

2. *Moradas*, *Sextas moradas*, cap. 11, p. 563 ; trad. fr. p. 659. La description du transpercement est parallèle dans la *Relation V* de mars ou avril 1576 que nous avons évoquée plus haut : « Une autre oraison très fréquente, c'est une sorte de blessure. Il semble à l'âme qu'on lui passe une flèche au travers du cœur et au travers d'elle-même », et Thérèse revient de la même façon sur l'impossibilité de la description d'une telle expérience, « car les peines purement spirituelles diffèrent extraordinairement des autres », *Cuentas de conscientia*, *op. cit.*, 58, p. 628 ; *Les Relations*, V, trad. fr. par Mère Marie du Saint-Sacrement, *op. cit.*, p. 383.

3. Sainte Thérèse de l'Enfant-Jésus s'en souviendra dans l'« Explication des Armoiries » : « … ce lieu béni que Thérèse a choisi pour figurer en ses armoiries le dard enflammé de l'amour qui doit lui mériter la palme du martyre en attendant qu'elle puisse véritablement donner son sang pour Celui qu'elle aime » (Sainte Thérèse de Lisieux, *Manuscrits autobiographiques*, Nouvelle édition du Centenaire, Paris, Éditions du Cerf-Desclée De Brouwer, 2005, p. 274). La fin du Manuscrit A portait d'autre part la marque de l'inspiration sanjuaniste, où le feu est eau, et l'eau, feu : « Ma Mère chérie, vous qui m'avez permis de m'offrir ainsi au Bon Dieu, vous savez les fleuves ou plutôt les océans de grâce qui sont venus inonder mon âme » (Manuscrit A, *op. cit.*, p. 271).

portent les deux premiers vers de la Chanson 2 des *Chansons de l'âme* formant *La vive flamme d'amour*[1]. Toute la Chanson 2 doit s'entendre selon Jean, dans le commentaire qu'il en donna, à partir des Trois Personnes de la Trinité, entre lesquelles le « cautère » est l'Esprit Saint (suivront la « main », qui est le Père, et la « touche », qui est le Fils). Toutes les Trois, qui sont « une seule substance », ont, dans l'âme, « changé sa mort en vie » et « transformé » l'âme « en Soi » (*por haberla trocado su muerte en vida, transformándola en sí*)[2]. Quelle fut précisément l'action de l'Esprit, « cautère suave » ? Avant que Jean ne retrouve la pointe de feu thérésienne, l'ancien serviteur des pauvres à l'hôpital de la Conception de Medina del Campo[3] lui donne le nom d'un « cautère », car il doit brûler et guérir, guérir en brûlant, guérir en blessant. Mais d'abord l'Esprit est feu, Notre Seigneur est « feu d'amour » : « Comme il est d'une force infinie, il peut d'une façon inestimable consumer et transformer en soi l'âme qu'il touche ». Le feu selon Jean ne consume pas seulement, *il transforme en lui-même*, « il embrase et absorbe », *abrasa y absorbe*, avec la liberté, absolue et souveraine, à laquelle l'évangile reconnaissait la venue de l'Esprit : « et cela, autant qu'il veut, et comme et quand il veut », *y esto cuanto él quiero y como y cuando*

1. *Llama de amor viva, op. cit.*, p. 911 ; trad. fr. p. 928.

2. *Ibid.*

3. On se reportera au livre magnifique du père Bruno de Jésus-Marie, ocd, *Saint Jean de la Croix*, Paris, Plon, 1929, chapitre II, p. 6 *sq.* Jean était chargé d'aller demander l'aumône.

quiere[1]. Mais le cautère, pour Jean, a un sens plus précis encore : il est feu plus puissant et plus ardent que tout autre feu, feu d'amour plus puissant que tout feu du monde, et par lequel l'âme brûlera, lorsqu'elle en sera atteinte, « plus fort que toutes les ardeurs du monde » : « C'est pourquoi en cette union elle appelle l'Esprit Saint *cautère*, parce que, comme dans le cautère le feu est plus intense et plus véhément et fait un plus grand effet que dans les autres corps ignés, ainsi l'acte de cette union, pour être d'un feu d'amour beaucoup plus enflammé que tous les autres, pour cela elle l'appelle *cautère* en comparaison de ceux-là »[2]. Le cautère est feu plus que tout feu et, puisque ce feu transforme en soi ce qu'il brûle, l'âme elle-même devient cautère[3]. *L'âme devient ce feu*, qui pour Jean aurait pouvoir de consumer tout ce qui est du monde (« mille mondes »), mais qui ne consume justement pas l'âme, la prenant en soi, l'enflammant, dans l'immense et paradoxale douceur de la brûlure : « il la déifie et la délecte, brûlant et resplendissant en elle suavement »[4]. L'âme est transformée dans cet amour, selon un grand thème sanjuaniste, et le feu indique un tel embrasement par et dans la pureté spirituelle, où Jean pense à la Pentecôte : l'âme devient feu, l'âme devient amour et, selon l'ambivalence qui marquait déjà l'expérience

1. *Llama de amor viva*, *op. cit.*, p. 911-912 ; trad. fr. p. 929.
2. *Llama de amor viva*, *op. cit.*, p. 912 ; trad. fr. p. 929 (trad. légèrement modifiée).
3. *Ibid.*, « … mais tout entière elle est devenue un cautère de feu véhément ».
4. *Ibid.*

thérésienne, la brûlure est douceur, qui, en sa dimension proprement spirituelle, libère l'âme de tout : embrasée dans l'Esprit, elle « savoure tout, goûte tout, fait tout ce qu'elle veut »[1].

Mais Jean s'approchera encore de Thérèse lorsqu'il commentera la *regalada llaga*, la « plaie délicieuse ». La plaie est plaie d'amour. Quels sont les caractères d'une telle blessure ? La plaie que fait le cautère est plaie de feu. La plaie de feu qui est plaie d'amour a ceci de propre qu'elle transforme dans l'âme toute autre plaie, toute autre plaie qu'aurait laissée le péché ou la « misère », en plaie de feu, laissant l'âme « blessée d'amour », couverte de plaies d'amour[2]. Mais Jean note alors la différence qui sépare le cautère d'amour du cautère du médecin : celui-ci fait une plaie qu'il ne peut guérir lui-même, et qui demande d'autres soins, au lieu que le cautère d'amour fait la plaie et la guérit, « la fait en guérissant ». *Blesser et guérir ne font qu'un*, comme l'eau promise à la Samaritaine désaltérait, mettait fin à la soif, et donnait pourtant une soif nouvelle : lorsque le cautère d'amour « touche la plaie d'amour, il en fait une plus grande plaie d'amour », *mayor llaga de amor*[3]. L'amour transforme tout ce qu'il touche en amour, toute plaie, toute âme : c'est en ce sens qu'il est feu, qu'il embrase et absorbe en lui-même. Et ainsi blesser est guérir, et guérir est blesser : il faut le penser et le décrire dans les deux sens, car l'amour est ce rythme de douleur

1. *Llama de amor viva, op. cit.*, p. 912 ; trad. fr. p. 930.

2. *Llama de amor viva, op. cit.*, p. 913 ; trad. fr. p. 931 : *llagada de amor*.

3. *Ibid.*

qui est douceur, de douceur qui est tout autant douleur, et elles ne font qu'un unique flamboiement, intense et ambigu. Toute plaie, toute âme, se trouve absorbée dans l'amour : mais en réalité *l'âme ne devient qu'une seule plaie d'amour*, écrit Jean, « jusqu'à ce que la plaie soit si grande que toute l'âme vienne à être transformée en plaie d'amour »[1]. L'âme n'est plus blessée seulement, mais toute l'âme est devenue une seule blessure, puisqu'elle n'est plus qu'amour : non plus même aimée, car d'être aimée elle fut *transformée en amour*. Or Jean s'explique sur cette façon, la plus haute, dont l'âme est transformée par le feu. Le cautère, dans cet embrasement, touche « dans le centre infini de la substance de l'âme » (*en el infinito centro de la sustancia de el alma*)[2]. Un tel « centre infini » ou « intime », substantiel, sera atteint hors de toute figure, quelle qu'en soit la nature, comme Jean le précise : « Celle-ci est une touche seulement de la Divinité en l'âme, sans aucune forme ni figure intellectuelle ni imaginaire » (*porque ésta es toque sólo de la Divinidad en el alma, sin forma ni figura alguna intelectual ni imaginaria*)[3]. Jean sera le docteur de ce dépassement de toute figure dans la solitude vide de toute

1. *toda el alma venga a resolverse toda en llaga de amor*, *Ibid.*

2. *Llama de amor viva*, *op. cit.*, p. 914 ; trad. fr. p. 932 (trad. fr. légèrement modifiée). *El centro íntimo*, porte la rédaction A de la *Llama* (*Llama de amor viva*, *op. cit.*, p. 914).

3. *Ibid.*

image[1], la « contemplation tranquille et solitaire »[2] des âmes détachées, par là plus proches de l'Infigurable, de la *Divinidad* elle-même sans figure.

Pourtant sa propre Mère avait vu des figures. L'expérience si précise de la transverbération était la vision d'une figure, en sa présence si nette. Jean ainsi ne peut manquer de revenir sur ce que Thérèse avait distinctement vu dans cette figure, et sur la description, par elle-même, de l'amour qui se fit alors si intensément sentir à elle. Mais il modifiera aussi certains traits de la restitution thérésienne. La figure que Thérèse avait vue deviendra chez lui *forma intelectual*, et l'ange lui-même aura changé : « Il arrivera, l'âme étant enflammée en amour de Dieu [...] qu'elle se sente investie en elle par un séraphin avec une flèche ou un dard enduit comme d'un philtre fort embrasé du feu d'amour, transperçant [*traspasando*] cette âme qui est déjà allumée comme un brasier, ou, pour mieux dire, comme une flamme, et il la cautérise fort hautement »[3]. Les séraphins, en effet, plus que les chérubins, sont anges de feu, ils sont les

1. Ainsi plus loin dans la *Llama*, *op. cit.*, Canción 3, 52, p. 953 ; trad. fr. p. 979 : « Et il n'y a pas non plus à craindre que la mémoire soit vide de ses formes et figures [*vacía de sus formas y figuras*], car, puisque Dieu n'a ni forme ni figure, elle va en assurance vide de forme et de figure et elle s'approche davantage de Dieu ; car plus elle s'appuie sur l'imagination, plus elle s'éloigne de Dieu et chemine avec plus de danger, puisque Dieu, étant incompréhensible, n'a pas sa place dans l'imagination [*pues que Dios, siendo como es incogitable, no cabe en la imaginación*] ».

2. *esta contemplación quieta y solitaria*, *Ibid.*, Canción 3, 53.

3. *Llama de amor viva*, *op. cit.*, p. 914 ; trad. fr. p. 933.

« brûlants »[1], et c'était l'un d'eux qui, dans la vision d'Isaïe, avait purifié par le feu les lèvres du prophète : « L'un des séraphins vola vers moi, tenant dans sa main une braise qu'il avait prise avec des pinces sur l'autel. Il m'en toucha la bouche et dit : / « Voici, ceci a touché tes lèvres, / ta faute est effacée, / ton péché est pardonné » (Is 6, 6-7). L'âme est cautérisée par l'amour comme la bouche du prophète fut purifiée par la braise. Mais Jean pense peut-être surtout à saint François recevant, d'un séraphin, les stigmates : il y reviendra plus loin lorsqu'il évoquera la plaie visible que laisse parfois cette blessure d'amour sur le corps lui-même, « comme il arriva quand le séraphin blessa le saint François, car lui blessant l'âme d'amour avec les cinq plaies, leur effet parut aussi en quelque façon au corps, les lui imprimant aussi et le blessant comme il les avait imprimées en son âme, en la blessant d'amour »[2]. La blessure de

1. L'exégèse les rapproche cependant des « êtres vivants » d'Ézéchiel 1, qui sont appelés chérubins en Éz 10, et auxquels pense Thérèse. On se reportera à nouveau à Denys, *La Hiérarchie céleste*, *op. cit.*, VII, 1, p. 105-107 : « La sainte dénomination de Séraphins, au dire des hébraïsants, signifie soit "incendiaires", soit "chauffants" [...]. En effet, leur mouvement éternel et incessant autour des réalités divines, la chaleur, la pénétration, le bouillonnement de cet éternel mouvement continu, ferme et stable, le pouvoir qu'ils ont d'élever énergiquement leurs subordonnés à leur propre ressemblance en les faisant bouillonner et en les enflammant de façon qu'ils atteignent à la même chaleur qu'eux-mêmes, leur vertu purificatrice semblable à celle de la foudre et de l'holocauste, leur propriété luminescente et éclairante qui ne se voile ni ne s'éteint et reste constamment identique à elle-même car elle fait disparaître tout ce qui est producteur d'obscures ténèbres, voilà ce que révèle le nom donné aux Séraphins [...] ».

2. *Llama de amor viva*, *op. cit.*, p. 915-916 ; trad. fr. p. 934. Sur saint François, on se reportera à la description de la *Vita prima* de Thomas de

François, ainsi, fut elle-même originairement blessure d'amour, blessure spirituelle : le corps ne fait que recevoir la marque de l'Esprit. Plus l'amour est grand dans l'âme « mise en Dieu », plus le tourment éprouvé dans la « chair corruptible » est vif, « et ainsi c'est chose merveilleuse de sentir croître la douleur dans le plaisir »[1]. Telle est la « douceur que Dieu tient cachée pour ceux qui le craignent », écrit Jean, citant le

Celano, qu'il faut tenir en regard du récit thérésien, car elle présente déjà un transpercement, dont plus d'un trait phénoménologique se retrouvera dans l'expérience thérésienne : « Un homme ayant l'apparence d'un séraphin, doté de six ailes, se tenait en face de lui dans les airs, attaché à une croix, les bras étendus et les pieds joints. Deux ailes s'élevaient au-dessus de sa tête, deux autres restaient déployées pour le vol, les deux autres lui voilaient le corps. Cette apparition plongea le serviteur du Très-Haut dans un profond émerveillement, mais il ne parvenait pas à en comprendre le sens. Il éprouvait une grande joie de sentir le regard bienveillant posé sur lui par ce séraphin à l'inappréciable beauté, mais en même temps il restait atterré de cette crucifixion et de ces cruelles souffrances. Il se leva, triste et joyeux à la fois, si l'on peut dire, la douleur et la joie se succédant en lui. Il s'efforçait de comprendre ce que signifiait cette vision, s'épuisait à en saisir le sens. Son intelligence n'était encore parvenue à rien de clair, mais son cœur était entièrement accaparé par cette vision quand, dans ses mains et dans ses pieds, commencèrent à apparaître, telles qu'il les avait vues peu avant sur l'homme crucifié, les marques de quatre clous.

Ses mains et ses pieds semblaient avoir été transpercés en leur centre par des clous dont la tête apparaissait dans la paume des mains et sur le dessus des pieds, tandis que la pointe ressortait de l'autre côté. Les saillants étaient ronds à l'intérieur des mains, ovales à l'extérieur, et une sorte de bourrelet de chair semblait être la pointe des clous rabattue et recourbée, faisant saillie au-dessus de la peau. Aux pieds, on voyait aussi des clous qui dépassaient. Au côté droit, comme entr'ouvert par une lance, s'étendait une plaie d'où coulait fréquemment son sang précieux qui mouillait caleçons et tuniques », *Vita I*, chapitre 3, 94-95, trad. fr. R. P. D. Vorreux, O.F.M., *op. cit.*, p. 273-274.

1. *Llama de amor viva*, *op. cit.*, p. 916 ; trad. fr. p. 935.

Psaume 30, verset 20. Mais, comme Thérèse avait décrit, dans l'expérience du vol de l'esprit, le feu s'intensifiant, la flamme s'élevant plus haut que le feu, ce redoublement d'intensité est aussi le caractère que Jean distingue dans la cautérisation spirituelle-corporelle : « et alors, en cette cautérisation la transperçant avec cette flèche, la flamme de l'âme se précipite et monte soudain avec véhémence, comme un four ou une forge allumée quand on la fourgonne et que l'on tisonne le feu, et que la flamme s'échauffe »[1]. Ainsi les descriptions de Jean sont-elles, comme l'avaient été celles de Thérèse, tout à fait concrètes et précises : il entend montrer le feu toujours plus ardent dans une âme déjà enflammée, et la pointe du séraphin avec son philtre ou son « herbe » mystérieuse, qui deviendra plus loin « comme un grain de moutarde fort petit », pénètre, note Jean, au plus profond de l'âme, « comme une pointe vive dans la substance de l'esprit, comme dans le cœur transpercé de l'âme [*en la sustancia del espíritu, como en el corazón del alma traspasado*] »[2]. « Le cœur transpercé de l'âme » : sans doute Jean restitue-t-il le plus précisément, avec cette grande image mariale (καὶ σοῦ [δὲ] αὐτῆς τὴν ψυχὴν διελεύσεται ῥομφαί[3]), la profondeur inouïe de l'expérience thérésienne de la transverbération, l'intimité charnelle que nous vîmes éprouvée par Thérèse dans le transpercement de feu. Et il relève aussi l'étrange extension du feu qui se propage

1. *Llama de amor viva*, *op. cit.*, p. 914 ; trad. fr., p. 933.
2. *Llama de amor viva*, *op. cit.*, p. 915 ; trad. fr. p. 933.
3. Lc 2, 35 : « Et toi-même, une épée te transpercera l'âme ».

à partir de la pointe et de « l'herbe », dont l'action d'amour se répand dans l'âme, et au-delà de l'âme, jusqu'à la déborder, jusqu'à la noyer. *Le feu dans l'âme devient mer* : « Il paraît qu'elle a en elle des mers de feu d'amour [*mares de fuego amoroso*] qui va du plus profond au plus haut des machines, l'amour remplissant tout ; en quoi il apparaît à l'âme que tout l'univers est une mer d'amour dans laquelle elle est plongée [*todo el universo es un mar de amor en que está engolfada*], sans qu'elle puisse découvrir ni terme ni fin où s'achève cet amour, sentant en soi, comme nous avons dit, la vive pointe et le centre de l'amour »[1]. L'âme est dans une mer de feu, elle est plongée dans une mer d'amour, qui la cerne, l'envahit, la déborde, l'engloutit. L'âme n'est pas seulement aimée ou aimante, elle est dans l'amour, prise et « mise », « posée » dans l'amour. Il ne fait pas de doute que Jean a pleinement ressaisi ici l'expérience thérésienne. Et il ne fait aucun doute non plus que c'est à sa Mère qu'il pense lorsqu'il évoque les âmes qui reçurent une si grande faveur, qui purent parvenir à une telle hauteur : âmes fécondes, âmes créatrices, âmes génitrices, âmes qui enfantèrent : « Peu d'âmes arrivent à ce degré, mais quelques-unes y sont parvenues, principalement les âmes de ceux dont la force et l'esprit devaient se répandre en la succession de leurs enfants, Dieu donnant la richesse et la valeur aux têtes en ce qui est des prémices de l'esprit, selon la plus grande ou plus petite succession que devaient avoir leur

1. *Llama de amor viva, op. cit.*, p. 915 ; trad. fr. p. 933-934.

doctrine et leur esprit »[1]. « L'esprit » de Thérèse devait se diffuser à partir de ce feu, de cet amour immense qui la toucha à travers la pointe de l'ange, de cette mer de feu où elle fut alors elle-même, le feu se propageant à tout, jetée, immergée, et ses « enfants », ses fils et ses filles, brûlent encore du feu thérésien, du feu angélique, de l'amour dont elle fut blessée. Qu'il ait lui-même ou non traversé ce feu et cette mer de feu, Jean le décrivit dans la fidélité absolue à « l'esprit » qui lui fut transmis par sa Mère Thérèse, et l'expérience thérésienne devait ainsi trouver en lui à jamais son plus grand docteur.

La phénoménologie thérésienne, telle que nous cherchâmes à la reconstituer à partir des descriptions, conduites par elle-même, de ce que Thérèse avait vu, n'est pas doctrine, ou plutôt, comme il en va presque toujours des saints, la doctrine de Thérèse ne fait qu'un avec l'expérience qu'il lui fut donné de vivre[2]. *C'est son expérience même qui fut doctrine*, dans l'unité de ce qu'elle a vu, de ce qu'elle a vécu et de ce qu'elle a décrit, selon la liberté pure qu'avait ouverte l'obéissance absolue à l'Ordre sous lequel elle plaça irrévocablement

1. *Llama de amor viva*, *op. cit.*, p. 915 ; trad. fr. p. 934.

2. On se reportera à Hans Urs von Balthasar, *Schwestern im Geist. Therese von Lisieux und Elisabeth von Dijon*, Freiburg, Johannes Verlag Einsiedeln, 1990, p. 21 : « Même lorsqu'ils ne furent pas eux-mêmes théologiens ou doctes, leur existence en tant que tout est un phénomène théologique, qui renferme une doctrine vivante, offerte en présent par l'Esprit Saint et par conséquent très digne de considération, contemporaine et féconde, à côté de laquelle – puisqu'elle s'adresse à l'Église tout entière – personne n'a le droit de passer sans prendre garde ». Puis pages 23-24, concernant la « phénoménologie surnaturelle » qui ressaisira l'essence, la « figure », dans le « phénomène concret ».

son propre sens d'être (*¡ Oh virtud de obedecer, que todo lo puedes !*)[1]. S'il n'est pas impossible de discerner ici une phénoménologie, celle-ci eut chez Thérèse l'ampleur d'un « voir » parfaitement un avec la vie, parfaitement un avec ce que nous nommons, d'un nom qui un jour indiqua l'objet de ce qui était déjà une « phénoménologie », « expérience », dont l'*oraison*, lieu de la vie la plus intense et du regard le plus voyant, et par conséquent sommet absolu de l'expérience, recueille et concentre le sens, et dont la description formera ainsi, nécessairement, un « Livre de la Vie » : la « phénoménologie » thérésienne, telle que nous la vîmes se constituer, est essentiellement, du commencement à la fin, un Livre de la Vie. Or le « voir » qui s'ouvrit chez Thérèse, tel qu'il lui fut envoyé et tel que nous avons cherché à en rassembler les traits, lui découvrit ce qui jamais peut-être n'apparut à un autre, mais qui pouvait accéder à la dimension du sens, et par conséquent au livre, dans la mesure même où, dans l'immensité d'un apparaître au plus haut point déconcertant et même ravissant, il se donnait pourtant déjà selon le sens, selon une Parole de Dieu qui n'est pas, et ne fut jamais, une parole inintelligible : jamais Thérèse, même en face du mystère, n'aura été placée devant une énigme fermée, toujours au contraire, quelque crainte qu'elle éprouve devant la Majesté de Celui qui se donne en de telles figures presque insoutenables à l'âme humaine, elle fut confrontée à la certitude d'une présence se donnant

1. « Oh, vertu d'obéissance, toi qui peux tout ! », *Vida*, cap. 18, p. 101 ; trad. fr. p. 109.

et paraissant dans son évidence propre, et même dans son évidence absolue. C'est l'évidence absolue de cette venue en présence, et la description absolument rigoureuse que Thérèse à chaque fois, en suivant les variations si étranges, parfois effrayantes, propres à l'apparaître d'une telle présence, a cherché à en donner, qui justifient ce nom, husserlien mais peut-être surtout hégélien, et qui est encore celui que retient Hans Urs von Balthasar pour décrire la « figure » de sainteté chez deux « filles » de Thérèse, Thérèse de Lisieux et Élisabeth de Dijon, de « phénoménologie », en tant que doctrine de la venue en présence selon toutes ses figures, si étranges fussent-elles, et, comme il faut les nommer, « surnaturelles ». Celui qui vient en ces figures est toujours le même, il s'appelle, de son nom évangélique, paulinien et johannique, « Esprit », et son sens lui aussi demeure identique en toute figure que librement il adopte : il est *amour*.

Amour *divin*, selon la plus haute provenance qui soit, et pour autant justement qu'il survient à l'âme, la surprenant, la débordant, et ne lui donnant d'aimer elle-même que pour autant qu'elle *se laisse aimer*, c'est-à-dire d'abord *est aimée*, une telle prévenance absolue formant, pour l'amour, non pas seulement son histoire, mais la loi de son essence : « En ceci consiste l'amour : / ce n'est pas nous qui avons aimé Dieu, / mais c'est lui qui nous a aimés » (1 Jn 4, 10).

Amour *immense*, accordé à une telle provenance, à une telle prévenance, amour sans mesure, *mar de amor*, dont l'âme n'est pas elle-même la mesure et qu'elle ne mesurera jamais, comme il ne lui fut pas mesuré, parce que, selon son essence, donné par surcroît, jamais, quoiqu'il fût pour elle, il ne fut à sa mesure.

TABLE DES MATIÈRES

Achevé d'imprimer en février 2025
sur les presses de
La Manufacture - Imprimeur – 52200 Langres

Tél. : (33) 325 845 892

N° imprimeur : 250094 - Dépôt légal : février 2025
Imprimé en France